Desarrollo de Aplicaciones Metro Style

El Futuro de Windows

Ángel Arias

ISBN: 978-1495959424

ÍNDICE DE CONTENIDOS

- <u>Bibliografía</u>

Nota del Autor

Esta publicación está destinada a proporcionar el material útil e informativo. Esta publicación no tiene la intención de conseguir que usted sea un maestro de las bases de datos, sino que consiga obtener un amplio conocimiento general de las bases de datos para que cuando tenga que tratar con estas, usted ya pueda conocer los conceptos y el funcionamiento de las mismas. No me hago responsable de los daños que puedan ocasionar el mal uso del código fuente y de la información que se muestra en este libro, siendo el único objetivo de este, la información y el estudio de las bases de datos en el ámbito informático. Antes de realizar ninguna prueba en un entorno real o de producción, realice las pertinentes pruebas en un entorno Beta o de prueba.

El autor y editor niegan específicamente toda responsabilidad por cualquier responsabilidad, pérdida, o riesgo, personal o de otra manera, en que se incurre como consecuencia, directa o indirectamente, del uso o aplicación de cualesquiera contenidos de este libro.

Todas y todos los nombres de productos mencionados en este libro son marcas comerciales de sus respectivos propietarios. Ninguno de estos propietarios han patrocinado el presente libro. Procure leer siempre toda la documentación proporcionada por los fabricantes de software usar sus propios códigos fuente. El autor y el editor no se hacen responsables de las reclamaciones realizadas por los fabricantes.

Introducción

Con Windows 8, Microsoft ha dado un salto de calidad notable, solamente comparable con la aparición en su día del Windows 3.0 y 95. Windows 8 trae muchas novedades y características que nos va a hacer cambiar nuestra manera de trabajar con nuestros equipos informáticos.

Con una interfaz totalmente renovada, Windows 8 hace un claro guiño hacia los sistemas táctiles, muy de moda hoy en día gracias a la telefonía móvil, sobretodo, gracias a la telefonía que incorpora los Sistemas Operativos Windows Phone, Android e IOS de Apple.

Metro es un nuevo paradigma de interfaz de usuario que está diseñado para nuevos conceptos de tecnología táctil para los nuevos dispositivos. La interfaz metro puede ser usada en un PC convencional con el ratón, pero la riqueza de la interfaz metro se logra utilizando un dispositivo táctil (notebooks, tablets, etc.)

La pantalla de inicio usa una interfaz estilo Metro y una sus principales características es que se centra en el contenido de las aplicaciones, confiando más en la tipografía y menos en gráficos. El entorno de Metro incluye una nueva pantalla basada en azulejos, de igual manera que el sistema operativo Windows Phone. Cada azulejo representa una aplicación, y puede mostrar información relevante tal como el número de mensajes no leídos en una aplicación de correo electrónico o la temperatura actual en una aplicación del tiempo meteorológico. Estas aplicaciones se ejecutan en pantalla completa o en los modos de lado a lado, y son capaces de compartir información entre sí mediante "contratos". Estas aplicaciones sólo estarán disponibles a través de la Windows Store. Las aplicaciones estilo metro se desarrollan con la nueva plataforma Windows Runtime que utiliza varios lenguajes de programación, como C + +, Visual Basic, C # y HTML con CSS y Javascript.

Como este nuevo estándar de interfaz desarrollado por Microsoft, pronto se van a ver aplicaciones muy similares, e incluso podrá ver como se ejecutan en todas las plataformas de Microsoft como Xbox, Windows Phone y Windows 8.

A nivel de desarrollo, lo novedoso del estilo Metro es que incorpora un nuevo conjunto de APIs para poder desarrollar aplicaciones en varios lenguajes de programación tales como HTML5, CSS, JavaScript, XAML, C# o incluso C/C++ y Visual Basic. Si usted ya ha programado en estos lenguajes de programación, podrá adaptarse sin dificultad ninguna al nuevo estilo Metro.

A continuación se muestra una imagen del menú "Inicio" nuevo

Durante la presentación del nuevo sistema Windows 8, Microsoft introdujo el nuevo paradigma para el desarrollo de aplicaciones para Windows:

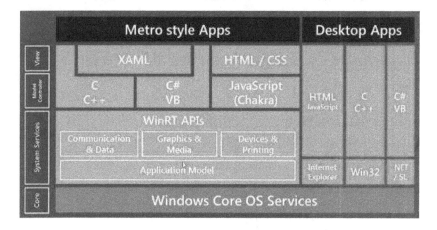

La gran noticia es que ahora la construcción de aplicaciones para Windows 8 tiene 2 opciones:

- **XAML + (C / C + + o C # / VB.Net)**
- **HTML / CSS + (Javascript)**

Sí, ahora podemos usar **HTML, CSS** y **Javascript** para desarrollar aplicaciones para Windows en sí.

Ambas tecnologías utilizan las ventajas de un nuevo runtime llamado **WinRT** o biblioteca de Windows Runtime.

Interfaz de usuario de programación

Cuando se trata de la selección de interfaz de usuario, puede utilizar HTML con CSS para el diseño de su aplicación o puede utilizar la interfaz de usuario XAML.

Para que las aplicaciones HTML se adheriran al estilo Metro UI y a su modelo de interacción, Microsoft distribuye los archivos JavaScript y CSS que pueden consumir en su proyecto. Tenga en cuenta que esto no funcionará en la red pública. Tan pronto como usted utilice alguna API WinRT, su aplicación es una aplicación de Windows, y no funcionarán en un navegador web independiente.

Los desarrolladores de .NET y C++ utilizaran XAML en lugar de HTML y CSS.

En estos momentos HTML y CSS se limita a la utilización Javascript.

Microsoft ha creado una biblioteca fresca con nueva interfaz de usuario llamada WinRT y han hecho que sea fácil de consumir. NET, Javascript y C++ y si de que se adhieren a sus directrices, ya que las aplicaciones se publicarán en la Windows Store.

El WinRT funciona básicamente igual al Framework de .Net, aunque ambos continúan existiendo, la WinRT ofrece una gama de servicios para situaciones comunes de desarrollo como el acceso al sistema de archivos, periféricos, redes, internet, etc.

WinRT

WinRT es un nuevo modelo de programación de Microsoft, que forma el núcleo de las aplicaciones estilo Metro. Las aplicaciones desarrolladas con WinRT tinen un almacenamiento aislado, ya son instaladas en un directorio único y exige el permiso del usuario para acceder al sistema de archivos, logrando así un aislamiento más seguro para prevenir que se puedan ejecutar aplicaciones de estilo Metro con código malicioso.

WinRT es el nuevo Runtime conectado de manera nativa con los servicios del Kelnel del sistema operativo, WinRT es el equivalente a la API Win32. Este nuevo Runtime permite a los desarrolladores de aplicaciones estilo metro, desarrollar sus aplicaciones en una gran cantidad de lenguajes de programación como HTML, CSS, Javascript, C++, C# y VB.NET.

El modelo de las APIs de WinRT se dividen en tres cajas de recursos: Comunicación y datos, Gráficos y media y Dispositivos e Impresión. A su vez, WinRT cuenta con dos capas: la capa de presentación y la capa de programación. La capa de presentación será desarrollada en XAML, HTML y CSS. Mientras que la capa de programación será desarrollada en C#, VB.NET y Javascript.

El nuevo conjunto de APIs tienen las siguientes propiedades:

- Son la base del nuevo aspecto estilo metro de Windows 8.
- Tiene un modelo de interfaz de usuario de programación sencillo para los desarrolladores de Windows.
- Expone el modelo de interfaz de usuario de WPF / Silverlight XAML para los desarrolladores.
- Las APIs están diseñadas para ser asíncronas.
- Las definiciones de API se expone en el formato de metadatos ECMA 335 que es el mismo que usa. NET, se pueden encontrar los archivos .Winmd.

Proyecciones WinRT

Lo que llamábamos "consolidaciones", Microsoft ahora lo llama "proyecciones". Las proyecciones son el proceso de exponer las API de tres entornos: Nativo (C y C + +), HTML / Javascript y .NET.

Si edita un componente en C + + o en. NET, su API se almacenarán en un archivo WinMD y usted será capaz de usar ese componente en los tres entornos (nativo, JavaScript y .NET).

Para apoyar las diversas construcciones de WinRT, la plataforma subyacente define un conjunto básico de tipos y sus correlaciones con los diferentes entornos. En particular, los objetos de colección en WinRT se asignan a las construcciones que son nativas de cada entorno.

API asíncrona

Con WinRT, Microsoft ha seguido una regla simple: si una API necesita más de 50 milisegundos para ejecutarse, la API es asíncrona.

La idea es asegurar que todas las aplicaciones de estilo Metro estean diseñadas para responder siempre a la entrada del usuario y que pase el menor tiempo de espera posible, que no se bloquee la aplicación o de que no se consiga una buena una experiencia para el usuario.

La programación asíncrona ha sido históricamente un proceso muy engorroso con devoluciones de llamada y de estado que deben de ir en cascada a través de docenas de lugares y con un total control de errores se rocía a través de múltiples capas de código. Para simplificar este proceso, C # y VB se han ampliado para apoyar la F #, convirtiendo la programación asincrónica en una tarea más sencilla.

La nueva visión de WinRT incluye sistemas de seguridad y la programación asíncrona. Es por eso que las aplicaciones estilo metro no tienen acceso directo al sistema de archivos o acceso al socket y por qué las API síncronas que igual estabas acostumbrado a consumir no están expuestas.

Lo que hicieron fue que sólo se expone al compilador de un conjunto de API cuando el destino es el perfil de Metro. Por lo que su aplicación no llamará, por ejemplo a

File.Create accidentalmente. En tiempo de ejecución, sin embargo, el CLR carga la biblioteca de clase completa, la misma que contiene File.Create, por lo que internamente, el CLR podría llamar algo así como File.Create, sólo que usted no tendrá acceso a ella.

Si usted intenta realizar una aplicación estilo metro con algún tipo de código malicioso, que intente accesos no autorizados o ejecutar funciones que implique algún posible riesgo en la seguridad del sistema operativo, es casi totalmente probable que su aplicación no tenga pueda ser publicada, porque existe un último filtro de seguridad que es la WindowsStore, que es quien validará su aplicación para su posterior publicación, es decir, que usted tendría que distribuir su aplicación por otro medio que no sea la Tienda de Windows.

Creación de componentes WinRT

Microsoft hizo una demostración de la creación de nuevos componentes WinRT tanto en C + + y .NET.

En el caso de. NET, la creación de un componente WinRT ha sido drásticamente simplificado. Veamos el código fuente completo para un componente que agrega 2:

```
public sealed class AddTwo {

    Add public int (int a, int b)

    {

        return a + b;
```

```
        }

    public async IAsyncOperation SubAsync (int a,
int b)

        {

            return a - await
(CountEveryBitByHand (b));

        }

    }
```

Verá que no hay declaraciones COM de ningún tipo. La única restricción es que la clase debe ser sealed (a menos que se cree un componente de interfaz de usuario XAML, en ese caso, la restricción se lifted).

También hay algunas limitaciones, no se pueden tener campos privados en las estructuras, y no existe la tarea <T> para las APIs asíncronas, en lugar se utiliza la interfaz IAsyncOperation. Hay que aclarar, que la norma que no permiete campos privados sólo se limita a las estructuras expuestas a WinRT, y no se aplica a las clases.

La API de WinRT

Sería imposible explicar todas las APIs de WinRT en este libro, pero a continuación le mostraremos la lista de APIs de WinRT, para ver más información sobre cada una de ellas consulte la web de Microsoft: http://msdn.microsoft.com/es-

es/library/windows/apps/br211377.aspx, donde podrá consultar sus clases, enumeraciones, interfaz y estructura de cada una de ellas:

Principal

Windows.ApplicationModel

Windows.ApplicationModel.Activation

Windows.ApplicationModel.Background

Windows.ApplicationModel.Core

Windows.ApplicationModel.Resources

Windows.ApplicationModel.Resources.Core

Windows.ApplicationModel.Resources.Management

Windows.ApplicationModel.Search

Windows.ApplicationModel.Store

Windows.Foundation

Windows.Foundation.Collections

Windows.Foundation.Diagnostics

Windows.Foundation.Metadata

Windows.Management.Core

Windows.Management.Deployment

Windows.System

Windows.System.Display

Windows.System.Profile

Windows.System.RemoteDesktop

Windows.System.Threading

Windows.System.Threading.Core

Windows.System.UserProfile

Windows.UI.WebUI

Windows.UI.Xaml

Windows.UI.Xaml.Hosting

Windows.UI.Xaml.Interop

Windows.UI.Xaml.Markup

Windows.UI.Xaml.Resources

WinJS

WinJS.Application

WinJS.Resources

Controles

Windows.Storage.Pickers

Windows.UI.Xaml.Controls

Windows.UI.Xaml.Controls.Primitives

WinJS.UI

Datos y contenido

Windows.ApplicationModel.DataTransfer

Windows.ApplicationModel.DataTransfer.ShareTarget

Windows.Data.Html

Windows.Data.Json

Windows.Data.Xml.Dom

Windows.Data.Xml.Xsl

Windows.Web

Windows.Web.AtomPub

Windows.Web.Syndication

Windows.UI.Xaml.Data

Windows.UI.Xaml.Documents

WinJS.Binding

Dispositivos

Windows.Devices.Enumeration

Windows.Devices.Enumeration.Pnp

Windows.Devices.Geolocation

Windows.Devices.Input

Windows.Devices.Portable

Windows.Devices.Printers.Extensions

Windows.Devices.Sensors

Windows.Devices.Sms

Archivos y carpetas

Windows.Storage

Windows.Storage.AccessCache

Windows.Storage.BulkAccess

Windows.Storage.Compression

Windows.Storage.FileProperties

Windows.Storage.Pickers

Windows.Storage.Pickers.Provider

Windows.Storage.Provider

Windows.Storage.Search

Windows.Storage.Streams

Globalización

Windows.Globalization

Windows.Globalization.Collation

Windows.Globalization.DateTimeFormatting

Windows.Globalization.Fonts

Windows.Globalization.NumberFormatting

Gráficos

Windows.Graphics.Display

Windows.Graphics.Imaging

Windows.UI.Xaml.Media

Windows.UI.Xaml.Media.Animation

Windows.UI.Xaml.Media.Imaging

Windows.UI.Xaml.Shapes

Aplicaciones auxiliares

WinJS.Class

WinJS.Namespace

WinJS.Utilities

Medios

Windows.Media

Windows.Media.Capture

Windows.Media.Devices

Windows.Media.MediaProperties

Windows.Media.Playlists

Windows.Media.PlayTo

Windows.Media.Protection

Windows.Media.Transcoding

Windows.UI.Xaml.Media

Conexión de red

Windows.Networking

Windows.Networking.BackgroundTransfer

Windows.Networking.Connectivity

Windows.Networking.NetworkOperators

Windows.Networking.Proximity

Windows.Networking.PushNotifications

Windows.Networking.Sockets

Impresión

Windows.Graphics.Printing

Windows.Graphics.Printing.OptionDetails

Windows.UI.Xaml.Printing

Presentación

Windows.UI

Windows.UI.ApplicationSettings

Windows.UI.Core

Windows.UI.Core.AnimationMetrics

Windows.UI.Notifications

Windows.UI.Popups

Windows.UI.StartScreen

Windows.UI.Text

Windows.UI.ViewManagement

Windows.UI.Xaml

Windows.UI.Xaml.Controls

Windows.UI.Xaml.Controls.Primitives

Windows.UI.Xaml.Documents

Windows.UI.Xaml.Media.Animation

Windows.UI.Xaml.Media.Media3D

Windows.UI.Xaml.Navigation

WinJS.Navigation

WinJS.UI

WinJS.UI.Animation

WinJS.UI.Fragments

WinJS.UI.Pages

Seguridad

Windows.Security.Authentication.OnlineId

Windows.Security.Authentication.Web

Windows.Security.Credentials

Windows.Security.Credentials.UI

Windows.Security.Cryptography

Windows.Security.Cryptography.Certificates

Windows.Security.Cryptography.Core

Windows.Security.Cryptography.DataProtection

Windows.Security.ExchangeActiveSyncProvisioning

Social

Windows.ApplicationModel.Contacts

Windows.ApplicationModel.Contacts.Provider

Automatización de interfaz de usuario

Windows.UI.Xaml.Automation

Windows.UI.Xaml.Automation.Peers

Windows.UI.Xaml.Automation.Provider

Windows.UI.Xaml.Automation.Text

Interacción del usuario

Windows.UI.Input

Windows.UI.Input.Inking

Windows.UI.Xaml.Input

Contractos y Extensiones

Las aplicaciones Estilo Metro usan contratos para declarar las interacciones que serán soportadas con otras aplicaciones. Estas aplicaciones deberán incluir las declaraciones necesarias en el paquete manifest, y llamar a los requerimientos del Windows Runtime APIs para comunicarse con Windows y los demás participantes de los contratos.

Un contrato es como un acuerdo entre una o más aplicaciones. Los contratos definen los requerimientos necesarios que las aplicaciones deberán tener para participar en estas únicas interacciones de Windows.

Los **contratos** de Windows 8 son:

- App to App Picking;
- Cached File Updater;
- Play To;
- Search To;
- Settings;
- Share.

App to App Picking

Con este contrato usted podrá gestionar archivos de/con otras aplicaciones.

Cuando una aplicación le solicita a la interfaz una imagen, el sistema abre un File Picker, que en lugar de abrir una lista de directorios en una carpeta, lo que va a abrir es una aplicación que relaciona el contenido de otras aplicaciones.

Así, si su aplicación quiere guardar una imagen, el sistema le da otro File Picker para que puedas seleccionar la apliación que guardará la imagen. Con ello se logra el intercambio de información entre aplicaciones sin necesidad de instalar varios clientes, como de redes sociales, de correo electrónico, etc… de esta manera, podrá disponer y guardar los archivos de sus aplicaciones directamente

Cached File Updater

Según el MSDN, con este contrato se puede proveer actualizaciones de ficheros particulares para ayudar a los usuarios que desean usar sus aplicaciones como un repositorio central de seguimiento y mantenimiento de archivos. Un ejemplo de aplicación que usa este contrato es Microsoft SkyDrive.

Como Windows 8 provee una experiencia conectada, donde varias aplicaciones pueden comunicarse entre si, tenemos que diferenciar entre el contenido local y el contenido en remoto o en la nube.

Como muchas veces nos resulta imposible estar continuamente conectados a la red, debido a muchas razones, como volar en avión, pasar por un túnel, estar en un lugar remoto, etc..las aplicaciones que implementan este contrato pueden mantener una especie de cache del contenido online guardado localmente.

Play To

Con este contrato podremos conseguir que nuestra aplicación reproduzca elementos multimedia, tales como vídeo, audio, presentaciones multimedia, etc...

Search To

Con la implementación de este contrato le daremos al usuario de nuestra aplicación la opción de que, cada vez que realice que realice una búsqueda en la barra charms, pueda seleccionar nuestra aplicación, de igual manera que el outlook, Internet Explorer, etc...

Settings

Con este contrato lo que se pretende es que usted no tenga que implementar un panel de configuración nuevo en su aplicación, sino que simplemente implemente un contrato para la configuración.

Si un usuario quiere añadir su cuentas de mail en la aplicación de email, ejecutaría ese charm, y si quiere añadir sus cuentas de Facebook en su cliente Facebook, ejecutaría ese charm.

Para ello, implementando este contrato, si su aplicación necesitase algún tipo de configuración, los usuarios podrían llegar a la configuración de su aplicación por medio de la barra charms.

Share

Este contrato sirve para poder compartir archivos e información de su aplicación.

Extensiones

Según el MSDN una extensión es como un acuerdo entre una aplicación y Windows. Las extensiones nos permiten a los programadores extender o modificar algunas características de Windows para usarlas en nuestras aplicaciones.

La diferencia entre los contratos y las extensiones básicamente es que las extensiones hacen una interfaz directa con Windows, es decir, complementan las funciones de Windows. En cambio, los contratos están más orientados hacia la integración de las aplicaciones con Windows para mejorar la experiencia del usuario.

Veamos algunas extensiones:

- Account picture provider;
- AutoPlay;
- Background tasks;
- Camera settings;
- Print task settings;
- Contact picker;
- Game explorer;
- SSL/certificates.

Account picture provider

Es una extensión con la que Windows le permite al usuario cambiar la foto de su perfil, por la foto de su aplicación.

AutoPlay

Es una extensión que proporciona al programador que su aplicación sea relacionada con el evento AutoPlay, que es un evento que se ejecuta cada vez que el usuario conecta un dispositivo a su equipo.

Background tasks

Es una extensión por la cual podremos ejecutar procesos en segundo plano.

Camera settings

Es una extensión para las aplicaciones que utilicen la cámara y necesitan hacer ajustes en el funcionamiento del dispositivo durante el proceso de grabación.

Print Task

Es una extensión para las aplicaciones que utilicen impresoras y necesitan hacer ajustes en el funcionamiento o configuración del dispositivo antes o durante el proceso de impresión.

Contact Picker

Windows 8 ha realizado un gran esfuerzo en facilitarnos la gestión de nuestros contactos. Con esta extensión podremos hacer que nuestra aplicación sea considerada cuando un contacto fuera necesario por otra aplicación de contactos, como correo electrónico, Facebook, LinkedIn, etc…

Game explorer

Es una extensión para aquellas aplicaciones que se quieran integrar con el control parental de Windows.

SSL/Certificates

Es una extensión que registra un certificado a la aplicación.

Con esto podemos comprobar que con Windows 8 se incorporan nuevas características de desarrollo, con las que podremos realizar aplicaciones muy gratificantes para los usuarios, integrando nuestro software con el sistema operativo, con lo que el usuario conseguirá una experiencia más fluida.

Ciclo de Vida

Cuando un usuario descarga una aplicación de la Windows Store, lo que está descargando es un paquete con extensión .appx. Los paquetes contienen los archivos propios de la aplicación y un manifiesto. El manifiesto cobra importancia, debido a que es el archivo que describe la aplicación y, además, es el archivo que usa Windows para instalar y desinstalar las aplicaciones de la Windows Store, entre otras funciones.

A Continuación vamos a hacer un breve repaso a los distintos tipos de estados del ciclo de vida de una aplicación.

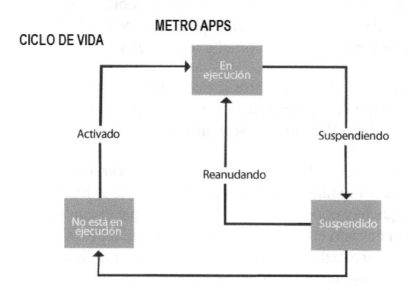

Inicio de la aplicación

Al iniciar una aplicación, lo primero que vemos es la pantalla de bienvenida de la aplicación. Las aplicaciones se inician cuando un usuario las activa. Mientras se muestra la pantalla de bienvenida, la aplicación comienza a ejecutar todas las funciones necesarias para poder mostrarse correctamente al usuario. Cuando una aplicación termina el inicio y ya está activada, entra en estado **Running** y se cerrara la pantalla de bienvenida.

Activación de la aplicación

Para activar una aplicación el usuario deberá hacerlo mediante los numerosos contratos y extensiones que existen. Para poder activar una aplicación, esta deberá registrarse para poder recibir el evento **Activated**.

Un controlador de eventos supervisará si se ha activado o no la aplicación, porqué se ha activado y si está en estado **Running** o **NotRunning**.

La activación de las aplicaciones nos da varias ventajas sobre nuestras aplicaciones, tales como restaurar datos que hayamos guardado, en caso de que el equipo hubiera entrado en modo suspensión, por ejemplo. El evento **activated** tiene varios argumentos y propiedades que nos proporcionará información sobre nuestra aplicación una vez iniciada después de la suspensión o cierre de sesión, tales como (en la propiedad **PreviousExecutionState**:

- **Terminated**: Restaura los datos del sistema después de que la aplicación hubiera sido cerrada por el sistema debido a algún tipo de errore.
- **ClosedByUser**: Inicia la aplicación con los datos que tiene por defecto. Se usa cuando el usuario cierra la aplicación de manera voluntaria.
- **NotRunning**: Inicia la aplicación con los datos por defecto cuando la aplicación hubiera sido cerrada de una manera inesperada de debido a algún tipo de error.

Suspensión de aplicaciones

Cuando un usuario cambia a otra aplicación, cuando Windows entra en modo de bajo consumo, o cuando el usuario interviene voluntariamente, la aplicación entra en estado de suspensión. En el caso de que un usuario cambie a otra aplicación, el sistema espera unos pocos segundos (10 segundos aproximadamente) para comprobar si el usuario regresará a la aplicación de una manera inmediata o no, en caso de que el usuario no regrese a la aplicación pasados esos segundos, Windows suspenderá la aplicación.

Para que una aplicación entre en el estado de suspensión deberá registrar un controlador de eventos para el evento **Suspending,** y se llamará a este evento justo antes de que la aplicación entre en estado de suspensión. Hay una API de datos de aplicación que nos ayuda a la hora de configurar el controlador de eventos, ya que con el podremos guardar los datos de la aplicación, así como los datos relevantes de un usuario en un almacenamiento persistente, para mantener a salvo los datos una vez se suspende la aplicación.

Windows 8 soportará todas las aplicaciones que pueda en estado de suspensión en su memoria, con ello se consigue que los usuarios puedan cambiar de una aplicación a otra de una manera más rápida y segura entre las aplicaciones que están suspendidas.

Visibilidad para las aplicaciones

Cuando un usuario cambia a otra aplicación, la aplicación se mantiene en estado de ejecución hasta que Windows detecta que no va a ser usada inmediatamente y la pone en estado de suspensión. Usted puede controlar la visibilidad de su aplicación en los estados de ejecución y suspensión mediante el evento **VisibilityChanged**.

Reanudación de una aplicación

Cuando un usuario vuelve a una aplicación que está en estado de suspensión, esta pasa al estado de reanudación. Al reanudarse la aplicación, esta pasa a estado **Running** y carga los datos necesarios para volver al estado en el que estaba antes de la suspensión. Para manejar la reanudación de una aplicación deberá registrar un controlador de eventos para el evento **Resuming**, se llamará a este controlador de eventos cuando la aplicación pase del estado de **Suspended** a reanudación. Si una aplicación que participa en un contrato o extensión está suspendida, recibirá primero el evento **Resuming** y luego el evento **Activated** para poder participar en los contratos o extensiones con las distintas aplicaciones o con Windows.

Cierre de la aplicación

Windows 8 no incorpora un evento o acción que nos indique si se ha cerrado una aplicación. Cuando un usuario cierra una aplicación, está se suspende, luego se finaliza y pasa al estado **NotRunnig** durante unos segundos. Si se ha programado un controlador de eventos para el evento **Suspending**, se le llamará cuando la aplicación se suspenda. Este mismo controlador puede usarlo para guardar los datos de la aplicación y los datos de relevancia del usuario.

Las aplicaciones deberán de ser cerradas por el propio Windows, ya que no se recomienda programar el cierre de la aplicación, a no ser que sea vital, ya que muchas veces, cuando una aplicación es cerrada mediante programación, Windows pone a esa aplicación en estado de Bloqueo.

Bloqueo de la aplicación

El bloqueo de la aplicación se produce cuando volvemos a la pantalla de inicio. Windows 8 ha sido pensado para que los usuarios puedan dejar y retomar aplicaciones de una manera más rápida y cómoda para el usuario, con lo cual se desaconseja programar ningún tipo de notificación o cuadro de diálogo cuando usuario intenta volver a la pantalla de inicio, ya que esto provocaría un retraso.

Si el usuario decide activar la aplicación después de un bloqueo, el controlador de eventos de la activación de la aplicación recibirá el valor **ApplicationExecutionState** del **NotRunning**, mostrando solamente la interfaz y los datos iniciales de la aplicación.

Eliminación de la aplicación

Al eliminar una aplicación, esta se elimina complemente con todos sus datos instalados localmente. Pero la eliminación de una aplicación no tiene ningún efecto sobre los datos del usuario.

Desarrollo de Aplicaciones de Estilo Metro con C# y XAML.

Compartir en la barra Charms

Ahora veremos como usar la barra charms en nuestras aplicaciones.

La barra Charms es la barra que aparece cuando colocamos el ratón en la esquina inferior derecha o en el caso de las tablets, cuando deslizamos el dedo de derecha a izquierda en el lateral derecho de la pantalla.

Compartir es un Charm que permite que podamos compartir datos de una aplicación que estea usando, utilizando sus aplicaciones de Redes Sociales que estean instaladas en su equipo. Cuando utilizamos aplicaciones

Win32 o Win64 normales, apenas podemos compartir
capturas de pantalla.

Por eso cuando utilizamos una aplicación Metro, la
aplicación puede compartir algunas cosas más detalladas
como son textos o imágenes.

Ahora vamos a desarrollar una aplicación que
comparte um texto a través de Compartir.

Para ellos usaremos el Visual Studio 2011 para
desarrollar un nueva Metro UI Style Application. En este
ejemplo vamos a usar el lenguaje de programación C#.

Abra el archivo **MainPage.cs** y añada el código abajo, en el construtor de la página.

```
public MainPage()
    {
        InitializeComponent();
        DataTransferManager
datatransferManager;
        datatransferManager =
DataTransferManager.GetForCurrentView();
        datatransferManager.DataRequested += new
TypedEventHandler<DataTransferManager,
DataRequestedEventArgs>(datatransferManager_Data
Requested);
    }
```

```
void
datatransferManager_DataRequested(DataTransferMa
nager sender, DataRequestedEventArgs args)
    {

    }
```

El **DataTransferManager** es un objeto que es utilizado cuando el usuario pide compartir algún dato vía Compartir.

Lo que estamos haciendo con esto es añadir un handler para el evento que es lanzado cuando el usuario realiza esta acción.

Para utilizar el DataTranferManager es necesario añadir el using **Microsoft.Xaml.Data**

Ahora vamos a añadir algún texto a nuestro compartimento.

```
void
datatransferManager_DataRequested(DataTransferMa
nager sender, DataRequestedEventArgs args)
    2:     {
          args.Request.Data.Properties.Title = "Esto
es una prueba";
          args.Request.Data.Properties.Description =
"Estamos aprendiendo Metro Style";
          args.Request.Data.SetText("esto es un
ejemplo de programación estilo metro");
    }
```

Ahora, solo tendremos que añadir un título y una descripción que serán mostrados en el panel de Compartir. Y también um texto que será el texto a ser compartido.

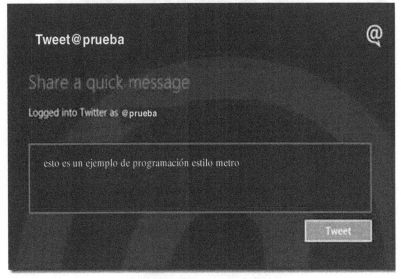

Con esto ya hemos visto como podemos compartir información mediante la opción Compartir de la barra Charms.

Configuración en la barra Charms

Configuración es un Charm que nos permite crear opciones de configuración para nuestra aplicación utilizando la barra de Configuración que está disponible cuando hacemos clic en el Menú Configuración de la barra Charms.

Por ejemplo, vamos a desarrollar una aplicación que muestre la barra de Configuración, añadimos algún item a esa barra y que muestre el contenido cuando el usuario haga clic sobre ese item.

Para ello abrimos el Visual Studio 11. Haga clic en **File → New → Project**. Seleccione **Windows Metro Style** en la pestaña izquierda y seleccione **Blank Application**.

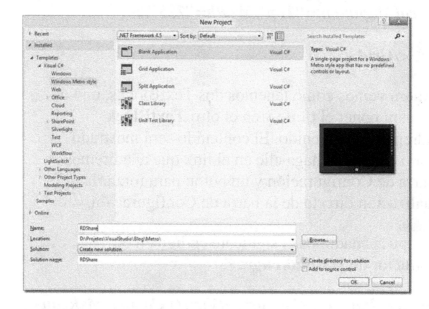

Ahora añadimos el código **XAML** siguiente en la **BlankPage**:

```
<Grid Background="{StaticResource
ApplicationPageBackgroundBrush}">
        <TextBlock HorizontalAlignment="Left"
Margin="123,47,0,0" TextWrapping="Wrap"
Text="Ejemplo Metro Style" VerticalAlignment="Top"
FontSize="60" Width="918"/>
```

```
<Button Name="ShowButton"
Content="Show Settings Pane"
HorizontalAlignment="Left" Margin="438,228,0,0"
VerticalAlignment="Top" Width="302"
Click="ShowButton_Click"/>
        <TextBlock Name="Acerca de..."
HorizontalAlignment="Left" Margin="283,328,0,0"
TextWrapping="Wrap" Visibility="Collapsed"
Text="Haz click Aquí" FontSize="30"
VerticalAlignment="Top" Width="735"/>

    </Grid>
```

Ahora vemos como tenemos dos TextBlocks, uno de ellos para poner el título y en el otro **TextBlock** pondremos el contenido. El contenido será mostrado cuando el usuário haga clic en el link que añadiremos en la barra de Configuración y un botón para forzar la visualización directa de la barra de Configuración.

Después añadimos el siguiente código en el constructor de la **BlankPage**:

```
SettingsPane.GetForCurrentView().CommandsRequested += BlankPage_CommandsRequested;
```

Para que el objeto **SettingsPane** sea reconocido, añada el siguiente using:

```
using Windows.UI.ApplicationSettings;
```

El **método GetForCurrentView**() devuelve el objeto **SettingsPane** referente a la página que está siendo mostrada en ese momento. Así puedes tener diferentes Configuraciones para cada página de su programa.

Ahora vamos a añadir un handler para el evento **CommandsRequested** que será lanzado cada vez que la barra Configuración sea mostrada al usuario.

Veamos la implementación del **CommandsRequested**:

```
void BlankPage_CommandsRequested(SettingsPane
sender, SettingsPaneCommandsRequestedEventArgs
args)

    {
        SettingsCommand about = new
SettingsCommand("about", "Acerca de...Este
Ejemplo", new
UICommandInvokedHandler(onSettingsCommand));

args.Request.ApplicationCommands.Add(about);
    }

        public void onSettingsCommand(IUICommand
command)
    {
        AboutText.Visibility = Visibility.Visible;
    }
```

En la tercera línea estamos creando un nuevo botón **SettingsCommand** que es el objeto que será mostrado en los links de la barra Configuración. En su constructor, le pasaremos un ID, el texto del botón y el handler que será llamado cuando el usuario haga clic sobre el botón.

Dentro del handler mostraremos el texto que hemos preparado para este link. Ahora implementaremos el botón que forzará que se muestre Configuración:

```
private void ShowButton_Click(object sender,
RoutedEventArgs e)
        {
            SettingsPane.Show();
        }
```

Los Azulejos en Vivo de Windows 8

Para crear azulejos en vivo necesitará generar 3 archivos para poder desarrollarlo, estos son: **Common.cs, ContentInterfaces.cs** y **TileContent.cs.**

El Código de estos 3 archivos consisten em crear un factory donde poder crear interacciones con sus azulejos de una manera sencilla.

En el siguiente ejemplo usaremos 2 azulejos que estarán encima: **ITileWideImageAndText01** y **ITileSquareImage**.

Cada vez que un usuário entre en la aplicación, se actualizará el azulejo. Para ello, solamente tendremos que crear un método **Push**:

```
public void Push(string text)
        {
            ITileWideImageAndText01 tileContent =
TileContentFactory.CreateTileWideImageAndText01();
```

```
        tileContent.TextCaptionWrap.Text = text;
        tileContent.Image.Src = "ms-
appx:///Assets/IC561140.png";
        tileContent.Image.Alt = "Ejemplo de
Azulejos en vivo";

        ITileSquareImage squareContent =
TileContentFactory.CreateTileSquareImage();
        squareContent.Image.Src = "ms-
appx:///Assets/IC576304.png";
        squareContent.Image.Alt = "Ejemplo de
Azulejos en vivo ";
        tileContent.SquareContent = squareContent;


TileUpdateManager.CreateTileUpdaterForApplication(
).Clear();

TileUpdateManager.CreateTileUpdaterForApplication(
).Update(tileContent.CreateNotification());
        }
```

Este método recibe como parâmetro el texto que quiere escribir, utiliza el sample que mencionamos para crear el azulejo, establece los parámetros y llama al método **CreateNotification**, que devuelve el XML de la forma necesaria para que pueda actualizar el Azulejo del usuario.

El archivo **Common.cs** se compone del siguiente código fuente:

```csharp
internal sealed class NotificationContentText :
INotificationContentText
    {
        internal NotificationContentText() { }

        public string Text
        {
            get { return m_Text; }
            set { m_Text = value; }
        }

    public string Lang
        {
            get { return m_Lang; }
            set { m_Lang = value; }
        }

        private string m_Text;
        private string m_Lang;
    }

    internal sealed class NotificationContentImage :
INotificationContentImage
        {
        internal NotificationContentImage() { }

    public string Src
        {
            get { return m_Src; }
            set { m_Src = value; }
        }

        public string Alt
```

```csharp
        {
            get { return m_Alt; }
            set { m_Alt = value; }
        }

        private string m_Src;
        private string m_Alt;
    }

    internal static class Util
    {
        public const int
NOTIFICATION_CONTENT_VERSION = 1;

        public static string HttpEncode(string value)
        {
            return value.Replace("&",
"&amp;").Replace("<", "&lt;").Replace(">",
"&gt;").Replace("\"", "&quot;").Replace("'",
"&apos;");
        }
    }


#if !WINRT_NOT_PRESENT
    internal abstract class NotificationBase
#else
    abstract partial class NotificationBase
#endif
    {
        protected NotificationBase(string
templateName, int imageCount, int textCount)
        {
```

```csharp
            m_TemplateName = templateName;

            m_Images = new
INotificationContentImage[imageCount];
            for (int i = 0; i < m_Images.Length; i++)
            {
                m_Images[i] = new
NotificationContentImage();
            }

            m_TextFields = new
INotificationContentText[textCount];
            for (int i = 0; i < m_TextFields.Length; i++)
            {
                m_TextFields[i] = new
NotificationContentText();
            }
        }

    public bool StrictValidation
        {
            get { return m_StrictValidation; }
            set { m_StrictValidation = value; }
        }
        public abstract string GetContent();

        public override string ToString()
        {
            return GetContent();
        }

    #if !WINRT_NOT_PRESENT
        public XmlDocument GetXml()
```

```csharp
        {
            XmlDocument xml = new XmlDocument();
            xml.LoadXml(GetContent());
            return xml;
        }
    #endif


    public INotificationContentImage[] Images
        {
            get { return m_Images; }
        }



    public INotificationContentText[] TextFields
        {
            get { return m_TextFields; }
        }



    public string BaseUri
        {
            get { return m_BaseUri; }
            set
            {
                bool goodPrefix = this.StrictValidation ||
value == null;
                goodPrefix = goodPrefix ||
value.StartsWith("http://",
StringComparison.OrdinalIgnoreCase);
                goodPrefix = goodPrefix ||
value.StartsWith("https://",
StringComparison.OrdinalIgnoreCase);
```

```csharp
            goodPrefix = goodPrefix ||
value.StartsWith("ms-appx:///",
StringComparison.OrdinalIgnoreCase);
            goodPrefix = goodPrefix ||
value.StartsWith("ms-appdata:///local/",
StringComparison.OrdinalIgnoreCase);
            if (!goodPrefix)
            {
                throw new ArgumentException("The
BaseUri must begin with http://, https://, ms-appx:///, or
ms-appdata:///local/.", "value");
            }
            m_BaseUri = value;
        }
    }

    public string Lang
    {
        get { return m_Lang; }
        set { m_Lang = value; }
    }

    protected string SerializeProperties(string
globalLang, string globalBaseUri)
    {
        globalLang = (globalLang != null) ?
globalLang : String.Empty;
        globalBaseUri =
String.IsNullOrWhiteSpace(globalBaseUri) ? null :
globalBaseUri;
        StringBuilder builder = new
StringBuilder(String.Empty);
        for (int i = 0; i < m_Images.Length; i++)
```

```
        {
            if
(!String.IsNullOrEmpty(m_Images[i].Src))
            {
                string escapedSrc =
Util.HttpEncode(m_Images[i].Src);
                if
(!String.IsNullOrWhiteSpace(m_Images[i].Alt))
                {
                    string escapedAlt =
Util.HttpEncode(m_Images[i].Alt);
                    builder.AppendFormat("<image
id='{0}' src='{1}' alt='{2}'/>", i + 1, escapedSrc,
escapedAlt);
                }
                else
                {
                    builder.AppendFormat("<image
id='{0}' src='{1}'/>", i + 1, escapedSrc);
                }
            }
        }

        for (int i = 0; i < m_TextFields.Length; i++)
        {
            if
(!String.IsNullOrWhiteSpace(m_TextFields[i].Text))
            {
                string escapedValue =
Util.HttpEncode(m_TextFields[i].Text);
                if
(!String.IsNullOrWhiteSpace(m_TextFields[i].Lang)
&& !m_TextFields[i].Lang.Equals(globalLang))
```

```csharp
                {
                    string escapedLang =
Util.HttpEncode(m_TextFields[i].Lang);
                        builder.AppendFormat("<text
id='{0}' lang='{1}'>{2}</text>", i + 1, escapedLang,
escapedValue);
                    }
                    else
                    {
                        builder.AppendFormat("<text
id='{0}'>{1}</text>", i + 1, escapedValue);
                    }
                }
            }

        return builder.ToString();
    }

    public string TemplateName { get { return
m_TemplateName; } }

    private bool m_StrictValidation = true;
    private INotificationContentImage[]
m_Images;
    private INotificationContentText[]
m_TextFields;

    private string m_Lang = "en-US";
    private string m_BaseUri;
    private string m_TemplateName;
}
```

```
    internal sealed class
NotificationContentValidationException :
COMException
    {
    public
NotificationContentValidationException(string
message)
        : base(message,
unchecked((int)0x80070057))
        {
        }
    }
```

El archivo **ContentInterfaces.cs**: se compone del siguiente código fuente:

```
public interface INotificationContent
    {
    string GetContent();

#if !WINRT_NOT_PRESENT

    XmlDocument GetXml();
#endif
    }

public interface INotificationContentText
    {
    string Text { get; set; }
    string Lang { get; set; }
    }
```

```csharp
public interface INotificationContentImage
{
    string Src { get; set; }
    string Alt { get; set; }
}

namespace TileContent
{

public interface ITileNotificationContent :
INotificationContent
{
    bool StrictValidation { get; set; }
    string Lang { get; set; }
    string BaseUri { get; set; }
    TileBranding Branding { get; set; }

#if !WINRT_NOT_PRESENT
    TileNotification CreateNotification();
#endif
}

public interface ISquareTileNotificationContent :
ITileNotificationContent
{
}


public interface IWideTileNotificationContent :
ITileNotificationContent
{
```

```csharp
        ISquareTileNotificationContent
SquareContent { get; set; }
        bool RequireSquareContent { get; set; }
        }

        public interface ITileSquareBlock :
ISquareTileNotificationContent
        {
    INotificationContentText TextBlock { get; }
    INotificationContentText TextSubBlock { get; }
        }

        public interface ITileSquareImage :
ISquareTileNotificationContent
        {
    INotificationContentImage Image { get; }
        }

    public interface ITileSquarePeekImageAndText01 :
ISquareTileNotificationContent
        {
    INotificationContentImage Image { get; }
    INotificationContentText TextHeading { get; }
    INotificationContentText TextBody1 { get; }
    INotificationContentText TextBody2 { get; }
    INotificationContentText TextBody3 { get; }
        }

    public interface ITileSquarePeekImageAndText02 :
ISquareTileNotificationContent
        {
    INotificationContentImage Image { get; }
    INotificationContentText TextBodyWrap { get; }
```

```csharp
        }
    public interface ITileSquarePeekImageAndText03 :
ISquareTileNotificationContent
        {
        INotificationContentImage Image { get; }
        INotificationContentText TextBody1 { get; }
        INotificationContentText TextBody2 { get; }
        INotificationContentText TextBody3 { get; }
        INotificationContentText TextBody4 { get; }
        }

    public interface ITileSquarePeekImageAndText04 :
ISquareTileNotificationContent
        {
        INotificationContentImage Image { get; }
        INotificationContentText TextBodyWrap { get; }
        }

    public interface ITileSquareText01 :
ISquareTileNotificationContent
        {
        INotificationContentText TextHeading { get; }
        INotificationContentText TextBody1 { get; }
        INotificationContentText TextBody2 { get; }
        INotificationContentText TextBody3 { get; }
        }

    public interface ITileSquareText02 :
ISquareTileNotificationContent
        {
        INotificationContentText TextHeading { get; }
        INotificationContentText TextBodyWrap { get; }
        }
```

```csharp
public interface ITileSquareText03 :
ISquareTileNotificationContent
    {
    INotificationContentText TextBody1 { get; }
    INotificationContentText TextBody2 { get; }
    INotificationContentText TextBody3 { get; }
    INotificationContentText TextBody4 { get; }
    }

public interface ITileSquareText04 :
ISquareTileNotificationContent
    {
    INotificationContentText TextBodyWrap { get; }
    }

public interface ITileWideBlockAndText01 :
IWideTileNotificationContent
    {
    INotificationContentText TextBody1 { get; }
    INotificationContentText TextBody2 { get; }
    INotificationContentText TextBody3 { get; }
    INotificationContentText TextBody4 { get; }
    INotificationContentText TextBlock { get; }
    INotificationContentText TextSubBlock { get; }

public interface ITileWideBlockAndText02 :
IWideTileNotificationContent
    {
    INotificationContentText TextBodyWrap { get; }
    INotificationContentText TextBlock { get; }
    INotificationContentText TextSubBlock { get; }
    }
```

```csharp
public interface ITileWideImage :
IWideTileNotificationContent
    {
        INotificationContentImage Image { get; }
    }


public interface ITileWideImageAndText01 :
IWideTileNotificationContent
    {
        INotificationContentImage Image { get; }
INotificationContentText TextCaptionWrap { get; }
    }


public interface ITileWideImageAndText02 :
IWideTileNotificationContent
    {
        INotificationContentImage Image { get; }
    INotificationContentText TextCaption1 { get; }
    INotificationContentText TextCaption2 { get; }
    }


public interface ITileWideImageCollection :
IWideTileNotificationContent
    {
    INotificationContentImage ImageMain { get; }
    INotificationContentImage
ImageSmallColumn1Row1 { get; }
    INotificationContentImage
ImageSmallColumn2Row1 { get; }
    INotificationContentImage
ImageSmallColumn1Row2 { get; }
```

```csharp
        INotificationContentImage
ImageSmallColumn2Row2 { get; }
        }


    public interface ITileWidePeekImage01 :
IWideTileNotificationContent
            {
        INotificationContentImage Image { get; }
    INotificationContentText TextHeading { get; }
    INotificationContentText TextBodyWrap { get; }
            }


    public interface ITileWidePeekImage02 :
IWideTileNotificationContent
            {
        INotificationContentImage Image { get; }
    INotificationContentText TextHeading { get; }
    INotificationContentText TextBody1 { get; }
    INotificationContentText TextBody2 { get; }
    INotificationContentText TextBody3 { get; }


    public interface ITileWidePeekImage03 :
IWideTileNotificationContent
            {
        INotificationContentImage Image { get; }
        INotificationContentText TextHeadingWrap {
get; }
            }


    public interface ITileWidePeekImage04 :
IWideTileNotificationContent
            {
        INotificationContentImage Image { get; }
```

```csharp
        INotificationContentText TextBodyWrap { get; }
        }

    public interface ITileWidePeekImage05 :
IWideTileNotificationContent
        {
        INotificationContentImage ImageMain { get; }
INotificationContentImage ImageSecondary { get; }
        INotificationContentText TextHeading { get; }
        INotificationContentText TextBodyWrap { get; }
        }

    public interface ITileWidePeekImage06 :
IWideTileNotificationContent
        {
        INotificationContentImage ImageMain { get; }
        INotificationContentImage ImageSecondary {
get; }
        INotificationContentText TextHeadingWrap {
get; }
        }

    public interface ITileWidePeekImageAndText01 :
IWideTileNotificationContent
        {
        INotificationContentImage Image { get; }
        INotificationContentText TextBodyWrap { get; }
        }

    public interface ITileWidePeekImageAndText02 :
IWideTileNotificationContent
        {
        INotificationContentImage Image { get; }
```

```csharp
    INotificationContentText TextBody1 { get; }
    INotificationContentText TextBody2 { get; }
    INotificationContentText TextBody3 { get; }
    INotificationContentText TextBody4 { get; }
    INotificationContentText TextBody5 { get; }
        }

public interface ITileWidePeekImageCollection01 :
ITileWideImageCollection
        {
    INotificationContentText TextHeading { get; }
    INotificationContentText TextBodyWrap { get; }
        }

public interface ITileWidePeekImageCollection02 :
ITileWideImageCollection
        {
    INotificationContentText TextHeading { get; }
    INotificationContentText TextBody1 { get; }
    INotificationContentText TextBody2 { get; }
    INotificationContentText TextBody3 { get; }
    INotificationContentText TextBody4 { get; }
        }

public interface ITileWidePeekImageCollection03 :
ITileWideImageCollection
        {
    INotificationContentText TextHeadingWrap { get;
}
        }

public interface ITileWidePeekImageCollection04 :
ITileWideImageCollection
```

```csharp
    {
    INotificationContentText TextBodyWrap { get; }
    }


public interface ITileWidePeekImageCollection05 :
ITileWideImageCollection
        {
    INotificationContentImage ImageSecondary {
get; }
            INotificationContentText TextHeading { get; }
            INotificationContentText TextBodyWrap { get;
}


public interface ITileWidePeekImageCollection06 :
ITileWideImageCollection
        {
    INotificationContentImage ImageSecondary {
get; }
    INotificationContentText TextHeadingWrap {
get; }
        }


    public interface ITileWideSmallImageAndText01 :
IWideTileNotificationContent
        {
    INotificationContentImage Image { get; }
    INotificationContentText TextHeadingWrap {
get; }
        }


    public interface ITileWideSmallImageAndText02 :
IWideTileNotificationContent
        {
```

```
INotificationContentImage Image { get; }
INotificationContentText TextHeading { get; }
INotificationContentText TextBody1 { get; }
INotificationContentText TextBody2 { get; }
INotificationContentText TextBody3 { get; }
INotificationContentText TextBody4 { get; }
}

public interface ITileWideSmallImageAndText03 :
IWideTileNotificationContent
{
INotificationContentImage Image { get; }
INotificationContentText TextBodyWrap { get;
}
}

public interface ITileWideSmallImageAndText04 :
IWideTileNotificationContent
{
INotificationContentImage Image { get; }
INotificationContentText TextHeading { get; }
INotificationContentText TextBodyWrap { get; }
}

public interface ITileWideText01 :
IWideTileNotificationContent
{
INotificationContentText TextHeading { get; }
INotificationContentText TextBody1 { get; }
INotificationContentText TextBody2 { get; }
INotificationContentText TextBody3 { get; }
INotificationContentText TextBody4 { get; }
}
```

```csharp
public interface ITileWideText02 :
IWideTileNotificationContent
        {
    INotificationContentText TextHeading { get; }
        INotificationContentText TextColumn1Row1 {
get; }
        INotificationContentText TextColumn2Row1 {
get; }
        INotificationContentText TextColumn1Row2 {
get; }
        INotificationContentText TextColumn2Row2 {
get; }
        INotificationContentText TextColumn1Row3 {
get; }
        INotificationContentText TextColumn2Row3 {
get; }
        INotificationContentText TextColumn1Row4 {
get; }
        INotificationContentText TextColumn2Row4 {
get; }
        }
```

El archivo **TileContent.cs** se creará con el siguiente código fuente:

```csharp
internal abstract class TileNotificationBase :
NotificationBase
        {
    public TileNotificationBase(string templateName, int
imageCount, int textCount)
        : base(templateName, imageCount, textCount)
```

```csharp
        {
        }

    public TileBranding Branding
        {
            get { return m_Branding; }
            set
            {
            if
(!Enum.IsDefined(typeof(TileBranding), value))
                {
                throw new
ArgumentOutOfRangeException("value");
                }
                m_Branding = value;
            }
        }

    #if !WINRT_NOT_PRESENT
    public TileNotification CreateNotification()
        {
            XmlDocument xmlDoc = new
XmlDocument();
            xmlDoc.LoadXml(GetContent());
            return new TileNotification(xmlDoc);
        }
    #endif

    private TileBranding m_Branding =
TileBranding.Logo;
        }

    internal interface ISquareTileInternal
```

```csharp
    {
        string SerializeBinding(string globalLang, string
globalBaseUri, TileBranding globalBranding);
    }

    internal class TileSquareBase : TileNotificationBase,
ISquareTileInternal
    {
        public TileSquareBase(string templateName,
int imageCount, int textCount)
            : base(templateName, imageCount,
textCount)
        {
        }

    public override string GetContent()
        {
            StringBuilder builder = new
StringBuilder(String.Empty);
            builder.AppendFormat("<tile><visual
version='{0}'",
Util.NOTIFICATION_CONTENT_VERSION);
            if (!String.IsNullOrWhiteSpace(Lang))
            {
                builder.AppendFormat(" lang='{0}'",
Util.HttpEncode(Lang));
            }
            if (Branding != TileBranding.Logo)
            {
                builder.AppendFormat(" branding='{0}'",
Branding.ToString().ToLowerInvariant());
            }
            if (!String.IsNullOrWhiteSpace(BaseUri))
```

```
        {
            builder.AppendFormat(" baseUri='{0}'",
Util.HttpEncode(BaseUri));
        }
            builder.Append(">");
        builder.Append(SerializeBinding(Lang,
BaseUri, Branding));
            builder.Append("</visual></tile>");
            return builder.ToString();
        }


    public string SerializeBinding(string globalLang,
string globalBaseUri, TileBranding globalBranding)
        {
            StringBuilder bindingNode = new
StringBuilder(String.Empty);
            bindingNode.AppendFormat("<binding
template='{0}'", TemplateName);
            if (!String.IsNullOrWhiteSpace(Lang) &&
!Lang.Equals(globalLang))
            {
                bindingNode.AppendFormat("
lang='{0}'", Util.HttpEncode(Lang));
                globalLang = Lang;
            }
            if (Branding != TileBranding.Logo &&
Branding != globalBranding)
            {
                bindingNode.AppendFormat("
branding='{0}'",
Branding.ToString().ToLowerInvariant());
            }
```

```csharp
            if (!String.IsNullOrWhiteSpace(BaseUri)
&& !BaseUri.Equals(globalBaseUri))
            {
                bindingNode.AppendFormat("
baseUri='{0}'", Util.HttpEncode(BaseUri));
                globalBaseUri = BaseUri;
            }

bindingNode.AppendFormat(">{0}</binding>",
SerializeProperties(globalLang, globalBaseUri));

    :          return bindingNode.ToString();
        }
    }

    internal class TileWideBase : TileNotificationBase
        {
        public TileWideBase(string templateName, int
imageCount, int textCount)
        : base(templateName, imageCount, textCount)
            {
            }

    public ISquareTileNotificationContent
SquareContent
            {
            get { return m_SquareContent; }
            set { m_SquareContent = value; }
            }

    public bool RequireSquareContent
            {
            get { return m_RequireSquareContent; }
```

```csharp
        set { m_RequireSquareContent = value; }
    }

    public override string GetContent()
    {
        if (RequireSquareContent &&
SquareContent == null)
        {
            throw new
NotificationContentValidationException("Square tile
content should be included with each wide tile. " + "If
this behavior is undesired, use the
RequireSquareContent property.");
        }

    StringBuilder visualNode = new
StringBuilder(String.Empty);
    visualNode.AppendFormat("<visual version='{0}'",
Util.NOTIFICATION_CONTENT_VERSION);
        if (!String.IsNullOrWhiteSpace(Lang))
        {
            visualNode.AppendFormat(" lang='{0}'",
Util.HttpEncode(Lang));
        }
        if (Branding != TileBranding.Logo)
        {
            visualNode.AppendFormat("
branding='{0}'",
Branding.ToString().ToLowerInvariant());
        }
        if (!String.IsNullOrWhiteSpace(BaseUri))
        {
```

```
            visualNode.AppendFormat("
baseUri='{0}'", Util.HttpEncode(BaseUri));
            }
        visualNode.Append(">");

        StringBuilder builder = new
StringBuilder(String.Empty);
            builder.AppendFormat("<tile>{0}<binding
template='{1}'>{2}</binding>", visualNode,
TemplateName, SerializeProperties(Lang, BaseUri));
            if (SquareContent != null)
            {
        ISquareTileInternal squareBase =
SquareContent as ISquareTileInternal;
                if (squareBase == null)
                {
            throw new
NotificationContentValidationException("The provided
square tile content class is unsupported.");
                }

builder.Append(squareBase.SerializeBinding(Lang,
BaseUri, Branding));
            }
            builder.Append("</visual></tile>");

        return builder.ToString();
        }

    private ISquareTileNotificationContent
m_SquareContent = null;
        private bool m_RequireSquareContent = true;
        }
```

```csharp
    internal class TileSquareBlock : TileSquareBase,
ITileSquareBlock
    {
        public TileSquareBlock()
        : base(templateName: "TileSquareBlock",
imageCount: 0, textCount: 2)
        {
        }

    public INotificationContentText TextBlock { get {
return TextFields[0]; } }

    public INotificationContentText TextSubBlock { get {
return TextFields[1]; } }
    }

    internal class TileSquareImage : TileSquareBase,
ITileSquareImage
    {
        public TileSquareImage()
        : base(templateName: "TileSquareImage",
imageCount: 1, textCount: 0)
        {
        }

    public INotificationContentImage Image { get {
return Images[0]; } }
    }

    internal class TileSquarePeekImageAndText01 :
TileSquareBase, ITileSquarePeekImageAndText01
    {
```

```csharp
        public TileSquarePeekImageAndText01()
        : base(templateName:
"TileSquarePeekImageAndText01", imageCount: 1,
textCount: 4)
        {
        }


    public INotificationContentImage Image { get {
return Images[0]; } }


    public INotificationContentText TextHeading { get {
return TextFields[0]; } }


    public INotificationContentText TextBody1 { get {
return TextFields[1]; } }


    public INotificationContentText TextBody2 { get {
return TextFields[2]; } }


    public INotificationContentText TextBody3 { get {
return TextFields[3]; } }
        }

    internal class TileSquarePeekImageAndText02 :
TileSquareBase, ITileSquarePeekImageAndText02
        {
        public TileSquarePeekImageAndText02()
        : base(templateName:
"TileSquarePeekImageAndText02", imageCount: 1,
textCount: 2)
        {
        }
```

```csharp
        public INotificationContentImage Image { get {
return Images[0]; } }

        public INotificationContentText TextHeading { get {
return TextFields[0]; } }

        public INotificationContentText TextBodyWrap { get
{ return TextFields[1]; } }
        }

        internal class TileSquarePeekImageAndText03 :
TileSquareBase, ITileSquarePeekImageAndText03
        {
            public TileSquarePeekImageAndText03()
            : base(templateName:
"TileSquarePeekImageAndText03", imageCount: 1,
textCount: 4)
            {
            }

        public INotificationContentImage Image { get {
return Images[0]; } }

        public INotificationContentText TextBody1 { get {
return TextFields[0]; } }

        public INotificationContentText TextBody2 { get {
return TextFields[1]; } }

        public INotificationContentText TextBody3 { get {
return TextFields[2]; } }
```

```csharp
        public INotificationContentText TextBody4 { get {
return TextFields[3]; } }
    }

    internal class TileSquarePeekImageAndText04 :
TileSquareBase, ITileSquarePeekImageAndText04
        {
            public TileSquarePeekImageAndText04()
            : base(templateName:
"TileSquarePeekImageAndText04", imageCount: 1,
textCount: 1)
            {
            }

        public INotificationContentImage Image { get {
return Images[0]; } }

        public INotificationContentText TextBodyWrap { get
{ return TextFields[0]; } }
    }

    internal class TileSquareText01 : TileSquareBase,
ITileSquareText01
        {
            public TileSquareText01()
            : base(templateName: "TileSquareText01",
imageCount: 0, textCount: 4)
            {
            }

        public INotificationContentText TextHeading { get {
return TextFields[0]; } }
```

```csharp
        public INotificationContentText TextBody1 { get {
return TextFields[1]; } }

        public INotificationContentText TextBody2 { get {
return TextFields[2]; } }

        public INotificationContentText TextBody3 { get {
return TextFields[3]; } }
        }

    internal class TileSquareText02 : TileSquareBase,
ITileSquareText02
        {
        public TileSquareText02()
            : base(templateName: "TileSquareText02",
imageCount: 0, textCount: 2)
            {
            }

        public INotificationContentText TextHeading { get {
return TextFields[0]; } }

        public INotificationContentText TextBodyWrap { get
{ return TextFields[1]; } }
        }

    internal class TileSquareText03 : TileSquareBase,
ITileSquareText03
        {
        public TileSquareText03()
            : base(templateName: "TileSquareText03",
imageCount: 0, textCount: 4)
            {
```

```csharp
        }

    public INotificationContentText TextBody1 { get {
return TextFields[0]; } }

    public INotificationContentText TextBody2 { get {
return TextFields[1]; } }
    public INotificationContentText TextBody3 { get {
return TextFields[2]; } }

    public INotificationContentText TextBody4 { get {
return TextFields[3]; } }
        }

    internal class TileSquareText04 : TileSquareBase,
ITileSquareText04
        {
        public TileSquareText04()
            : base(templateName: "TileSquareText04",
imageCount: 0, textCount: 1)
            {
            }

    public INotificationContentText TextBodyWrap { get
{ return TextFields[0]; } }
        }

    internal class TileWideBlockAndText01 :
TileWideBase, ITileWideBlockAndText01
        {
        public TileWideBlockAndText01()
```

```csharp
            : base(templateName:
"TileWideBlockAndText01", imageCount: 0,
textCount: 6)
        {
        }

    public INotificationContentText TextBody1 { get {
return TextFields[0]; } }

    public INotificationContentText TextBody2 { get {
return TextFields[1]; } }

    public INotificationContentText TextBody3 { get {
return TextFields[2]; } }

    public INotificationContentText TextBody4 { get {
return TextFields[3]; } }

    public INotificationContentText TextBlock { get {
return TextFields[4]; } }
    public INotificationContentText TextSubBlock { get
{ return TextFields[5]; } }
    }

    internal class TileWideBlockAndText02 :
TileWideBase, ITileWideBlockAndText02
    {
        public TileWideBlockAndText02()
            : base(templateName:
"TileWideBlockAndText02", imageCount: 0,
textCount: 6)
        {
        }
```

```csharp
    public INotificationContentText TextBodyWrap { get
{ return TextFields[0]; } }

    public INotificationContentText TextBlock { get {
return TextFields[1]; } }

    public INotificationContentText TextSubBlock { get
{ return TextFields[2]; } }
    }

    internal class TileWideImage : TileWideBase,
ITileWideImage
    {
        public TileWideImage()
            : base(templateName: "TileWideImage",
imageCount: 1, textCount: 0)
        {
        }

    public INotificationContentImage Image { get {
return Images[0]; } }
    }

    internal class TileWideImageAndText01 :
TileWideBase, ITileWideImageAndText01
    {
        public TileWideImageAndText01()
            : base(templateName:
"TileWideImageAndText01", imageCount: 1,
textCount: 1)
        {
        }
```

```csharp
        public INotificationContentImage Image { get {
return Images[0]; } }

        public INotificationContentText TextCaptionWrap {
get { return TextFields[0]; } }
    }

    internal class TileWideImageAndText02 :
TileWideBase, ITileWideImageAndText02
    {
        public TileWideImageAndText02()
            : base(templateName:
"TileWideImageAndText02", imageCount: 1,
textCount: 2)
        {
        }

    public INotificationContentImage Image { get {
return Images[0]; } }

        public INotificationContentText TextCaption1 { get {
return TextFields[0]; } }

        public INotificationContentText TextCaption2 { get {
return TextFields[1]; } }
    }

    internal class TileWideImageCollection :
TileWideBase, ITileWideImageCollection
    {
        public TileWideImageCollection()
```

```csharp
            : base(templateName:
"TileWideImageCollection", imageCount: 5,
textCount: 0)
            {
            }

        public INotificationContentImage ImageMain
{ get { return Images[0]; } }
    public INotificationContentImage
ImageSmallColumn1Row1 { get { return Images[1]; } }
    public INotificationContentImage
ImageSmallColumn2Row1 { get { return Images[2]; } }
    public INotificationContentImage
ImageSmallColumn1Row2 { get { return Images[3]; } }
    public INotificationContentImage
ImageSmallColumn2Row2 { get { return Images[4]; } }
        }

    internal class TileWidePeekImage01 :
TileWideBase, ITileWidePeekImage01
        {
        public TileWidePeekImage01()
            : base(templateName:
"TileWidePeekImage01", imageCount: 1, textCount: 2)
            {
            }

    public INotificationContentImage Image { get {
return Images[0]; } }

    public INotificationContentText TextHeading { get {
return TextFields[0]; } }
```

```csharp
        public INotificationContentText TextBodyWrap { get
{ return TextFields[1]; } }
        }

    internal class TileWidePeekImage02 :
TileWideBase, ITileWidePeekImage02
        {
            public TileWidePeekImage02()
                : base(templateName:
"TileWidePeekImage02", imageCount: 1, textCount: 5)
            {
            }

    public INotificationContentImage Image { get {
return Images[0]; } }

    public INotificationContentText TextHeading { get {
return TextFields[0]; } }

    public INotificationContentText TextBody1 { get {
return TextFields[1]; } }

    public INotificationContentText TextBody2 { get {
return TextFields[2]; } }

    public INotificationContentText TextBody3 { get {
return TextFields[3]; } }

    public INotificationContentText TextBody4 { get {
return TextFields[4]; } }
        }
```

```csharp
    internal class TileWidePeekImage03 :
TileWideBase, ITileWidePeekImage03
        {
            public TileWidePeekImage03()
             : base(templateName:
"TileWidePeekImage03", imageCount: 1, textCount: 1)
            {
            }

        public INotificationContentImage Image { get {
return Images[0]; } }

        public INotificationContentText TextHeadingWrap {
get { return TextFields[0]; } }
        }

    internal class TileWidePeekImage04 :
TileWideBase, ITileWidePeekImage04
        {
            public TileWidePeekImage04()
             : base(templateName:
"TileWidePeekImage04", imageCount: 1, textCount: 1)
            {
            }

        public INotificationContentImage Image { get {
return Images[0]; } }

        public INotificationContentText TextBodyWrap { get
{ return TextFields[0]; } }
        }
```

```csharp
internal class TileWidePeekImage05 :
TileWideBase, ITileWidePeekImage05
    {
        public TileWidePeekImage05()
            : base(templateName:
"TileWidePeekImage05", imageCount: 2, textCount: 2)
        {
        }

        public INotificationContentImage ImageMain { get {
return Images[0]; } }

        public INotificationContentImage ImageSecondary {
get { return Images[1]; } }

        public INotificationContentText TextHeading { get {
return TextFields[0]; } }

        public INotificationContentText TextBodyWrap { get
{ return TextFields[1]; } }
    }
    :
    internal class TileWidePeekImage06 :
TileWideBase, ITileWidePeekImage06
    {
        public TileWidePeekImage06()
            : base(templateName:
"TileWidePeekImage06", imageCount: 2, textCount: 1)
        {
        }

        public INotificationContentImage ImageMain
{ get { return Images[0]; } }
```

```csharp
        public INotificationContentImage ImageSecondary {
get { return Images[1]; } }

        public INotificationContentText TextHeadingWrap {
get { return TextFields[0]; } }
        }

    internal class TileWidePeekImageAndText01 :
TileWideBase, ITileWidePeekImageAndText01
        {
            public TileWidePeekImageAndText01()
                : base(templateName:
"TileWidePeekImageAndText01", imageCount: 1,
textCount: 1)
            {
            }

        public INotificationContentImage Image { get {
return Images[0]; } }

        public INotificationContentText TextBodyWrap { get
{ return TextFields[0]; } }
        }

    internal class TileWidePeekImageAndText02 :
TileWideBase, ITileWidePeekImageAndText02
        {
            public TileWidePeekImageAndText02()
                : base(templateName:
"TileWidePeekImageAndText02", imageCount: 1,
textCount: 5)
            {
            }
```

```csharp
        public INotificationContentImage Image { get {
return Images[0]; } }

        public INotificationContentText TextBody1 { get {
return TextFields[0]; } }

        public INotificationContentText TextBody2 { get {
return TextFields[1]; } }

        public INotificationContentText TextBody3 { get {
return TextFields[2]; } }

        public INotificationContentText TextBody4 { get {
return TextFields[3]; } }

        public INotificationContentText TextBody5 { get {
return TextFields[4]; } }
    }

    internal class TileWidePeekImageCollection01 :
TileWideBase, ITileWidePeekImageCollection01
    {
        public TileWidePeekImageCollection01()
            : base(templateName:
"TileWidePeekImageCollection01", imageCount: 5,
textCount: 2)
        {
        }

        public INotificationContentImage ImageMain { get {
return Images[0]; } }
```

```csharp
        public INotificationContentImage
ImageSmallColumn1Row1 { get { return Images[1]; } }

        public INotificationContentImage
ImageSmallColumn2Row1 { get { return Images[2]; } }

        public INotificationContentImage
ImageSmallColumn1Row2 { get { return Images[3]; } }

        public INotificationContentImage
ImageSmallColumn2Row2 { get { return Images[4]; } }

        public INotificationContentText TextHeading { get {
return TextFields[0]; } }

        public INotificationContentText TextBodyWrap { get
{ return TextFields[1]; } }
        }

        internal class TileWidePeekImageCollection02 :
TileWideBase, ITileWidePeekImageCollection02
        {
            public TileWidePeekImageCollection02()
                : base(templateName:
"TileWidePeekImageCollection02", imageCount: 5,
textCount: 5)
            {
            }

        public INotificationContentImage ImageMain { get {
return Images[0]; } }
```

```csharp
        public INotificationContentImage
ImageSmallColumn1Row1 { get { return Images[1]; } }

        public INotificationContentImage
ImageSmallColumn2Row1 { get { return Images[2]; } }
        public INotificationContentImage
ImageSmallColumn1Row2 { get { return Images[3]; } }
        public INotificationContentImage
ImageSmallColumn2Row2 { get { return Images[4]; } }

        public INotificationContentText TextHeading { get {
return TextFields[0]; } }

        public INotificationContentText TextBody1 { get {
return TextFields[1]; } }

        public INotificationContentText TextBody2 { get {
return TextFields[2]; } }

        public INotificationContentText TextBody3 { get {
return TextFields[3]; } }

        public INotificationContentText TextBody4 { get {
return TextFields[4]; } }
        }

        internal class TileWidePeekImageCollection03 :
TileWideBase, ITileWidePeekImageCollection03
        {
        public TileWidePeekImageCollection03()
            : base(templateName:
"TileWidePeekImageCollection03", imageCount: 5,
textCount: 1)
```

```csharp
        {
        }

    public INotificationContentImage ImageMain { get {
return Images[0]; } }

    public INotificationContentImage
ImageSmallColumn1Row1 { get { return Images[1]; } }

    public INotificationContentImage
ImageSmallColumn2Row1 { get { return Images[2]; } }

    public INotificationContentImage
ImageSmallColumn1Row2 { get { return Images[3]; } }

    public INotificationContentImage
ImageSmallColumn2Row2 { get { return Images[4]; } }

    public INotificationContentText TextHeadingWrap {
get { return TextFields[0]; } }
        }

    internal class TileWidePeekImageCollection04 :
TileWideBase, ITileWidePeekImageCollection04
        {
        public TileWidePeekImageCollection04()
            : base(templateName:
"TileWidePeekImageCollection04", imageCount: 5,
textCount: 1)
            {
            }
```

```csharp
        public INotificationContentImage ImageMain { get {
return Images[0]; } }

        public INotificationContentImage
ImageSmallColumn1Row1 { get { return Images[1]; } }

        public INotificationContentImage
ImageSmallColumn2Row1 { get { return Images[2]; } }

        public INotificationContentImage
ImageSmallColumn1Row2 { get { return Images[3]; } }

        public INotificationContentImage
ImageSmallColumn2Row2 { get { return Images[4]; } }


        public INotificationContentText TextBodyWrap { get
{ return TextFields[0]; } }
    }

    internal class TileWidePeekImageCollection05 :
TileWideBase, ITileWidePeekImageCollection05
    {
        public TileWidePeekImageCollection05()
            : base(templateName:
"TileWidePeekImageCollection05", imageCount: 6,
textCount: 2)
        {
        }

        public INotificationContentImage ImageMain { get {
return Images[0]; } }
```

```csharp
        public INotificationContentImage
ImageSmallColumn1Row1 { get { return Images[1]; } }
        public INotificationContentImage
ImageSmallColumn2Row1 { get { return Images[2]; } }

        public INotificationContentImage
ImageSmallColumn1Row2 { get { return Images[3]; } }

        public INotificationContentImage
ImageSmallColumn2Row2 { get { return Images[4]; } }

        public INotificationContentImage ImageSecondary {
get { return Images[5]; } }

        public INotificationContentText TextHeading { get {
return TextFields[0]; } }

        public INotificationContentText TextBodyWrap { get
{ return TextFields[1]; } }
        }

    internal class TileWidePeekImageCollection06 :
TileWideBase, ITileWidePeekImageCollection06
        {
        public TileWidePeekImageCollection06()
            : base(templateName:
"TileWidePeekImageCollection06", imageCount: 6,
textCount: 1)
            {
            }

        public INotificationContentImage ImageMain { get {
return Images[0]; } }
```

```csharp
        public INotificationContentImage
ImageSmallColumn1Row1 { get { return Images[1]; } }
        public INotificationContentImage
ImageSmallColumn2Row1 { get { return Images[2]; } }
        public INotificationContentImage
ImageSmallColumn1Row2 { get { return Images[3]; } }
        public INotificationContentImage
ImageSmallColumn2Row2 { get { return Images[4]; } }
        public INotificationContentImage ImageSecondary {
get { return Images[5]; } }

        public INotificationContentText TextHeadingWrap {
get { return TextFields[0]; } }
        }

    internal class TileWideSmallImageAndText01 :
TileWideBase, ITileWideSmallImageAndText01
        {
        public TileWideSmallImageAndText01()
            : base(templateName:
"TileWideSmallImageAndText01", imageCount: 1,
textCount: 1)
            {
            }

    public INotificationContentImage Image { get {
return Images[0]; } }

    public INotificationContentText TextHeadingWrap {
get { return TextFields[0]; } }
        }
```

```csharp
    internal class TileWideSmallImageAndText02 :
TileWideBase, ITileWideSmallImageAndText02
        {
        public TileWideSmallImageAndText02()
            : base(templateName:
"TileWideSmallImageAndText02", imageCount: 1,
textCount: 5)
            {
            }


    public INotificationContentImage Image { get {
return Images[0]; } }

    public INotificationContentText TextHeading { get {
return TextFields[0]; } }

    public INotificationContentText TextBody1 { get {
return TextFields[1]; } }

    public INotificationContentText TextBody2 { get {
return TextFields[2]; } }

    public INotificationContentText TextBody3 { get {
return TextFields[3]; } }

    public INotificationContentText TextBody4 { get {
return TextFields[4]; } }
        }

    internal class TileWideSmallImageAndText03 :
TileWideBase, ITileWideSmallImageAndText03
        {
        public TileWideSmallImageAndText03()
```

```csharp
            : base(templateName:
"TileWideSmallImageAndText03", imageCount: 1,
textCount: 1)
        {
        }


    public INotificationContentImage Image { get {
return Images[0]; } }

    public INotificationContentText TextBodyWrap { get
{ return TextFields[0]; } }
    }

    internal class TileWideSmallImageAndText04 :
TileWideBase, ITileWideSmallImageAndText04
    {
        public TileWideSmallImageAndText04()
            : base(templateName:
"TileWideSmallImageAndText04", imageCount: 1,
textCount: 2)
        {
        }


    public INotificationContentImage Image { get {
return Images[0]; } }

    public INotificationContentText TextHeading { get {
return TextFields[0]; } }

    public INotificationContentText TextBodyWrap { get
{ return TextFields[1]; } }
    }
```

```csharp
internal class TileWideText01 : TileWideBase,
ITileWideText01
    {
        public TileWideText01()
            : base(templateName: "TileWideText01",
imageCount: 0, textCount: 5)
        {
        }


    public INotificationContentText TextHeading { get {
return TextFields[0]; } }

    public INotificationContentText TextBody1 { get {
return TextFields[1]; } }

    public INotificationContentText TextBody2 { get {
return TextFields[2]; } }

    public INotificationContentText TextBody3 { get {
return TextFields[3]; } }

    public INotificationContentText TextBody4 { get {
return TextFields[4]; } }
    }

    internal class TileWideText02 : TileWideBase,
ITileWideText02
    {
        public TileWideText02()
            : base(templateName: "TileWideText02",
imageCount: 0, textCount: 9)
        {
        }
```

```csharp
        public INotificationContentText TextHeading { get {
return TextFields[0]; } }
        public INotificationContentText TextColumn1Row1
{ get { return TextFields[1]; } }

        public INotificationContentText TextColumn2Row1
{ get { return TextFields[2]; } }

        public INotificationContentText TextColumn1Row2
{ get { return TextFields[3]; } }

        public INotificationContentText TextColumn2Row2
{ get { return TextFields[4]; } }

        public INotificationContentText TextColumn1Row3
{ get { return TextFields[5]; } }

        public INotificationContentText TextColumn2Row3
{ get { return TextFields[6]; } }

        public INotificationContentText TextColumn1Row4
{ get { return TextFields[7]; } }

        public INotificationContentText TextColumn2Row4
{ get { return TextFields[8]; } }
        }

    internal class TileWideText03 : TileWideBase,
ITileWideText03
        {
        public TileWideText03()
```

```csharp
                : base(templateName: "TileWideText03",
imageCount: 0, textCount: 1)
        {
        }

    public INotificationContentText TextHeadingWrap {
get { return TextFields[0]; } }
        }

    internal class TileWideText04 : TileWideBase,
ITileWideText04
        {
        public TileWideText04()
            : base(templateName: "TileWideText04",
imageCount: 0, textCount: 1)
        {
        }

    public INotificationContentText TextBodyWrap { get
{ return TextFields[0]; } }
        }

    internal class TileWideText05 : TileWideBase,
ITileWideText05
        {
        public TileWideText05()
            : base(templateName: "TileWideText05",
imageCount: 0, textCount: 5)
        {
        }

    public INotificationContentText TextBody1 { get {
return TextFields[0]; } }
```

```csharp
        public INotificationContentText TextBody2 { get {
return TextFields[1]; } }

        public INotificationContentText TextBody3 { get {
return TextFields[2]; } }

        public INotificationContentText TextBody4 { get {
return TextFields[3]; } }

        public INotificationContentText TextBody5 { get {
return TextFields[4]; } }
        }

    internal class TileWideText06 : TileWideBase,
ITileWideText06
        {
            public TileWideText06()
                : base(templateName: "TileWideText06",
imageCount: 0, textCount: 10)
            {
            }

    public INotificationContentText TextColumn1Row1
{ get { return TextFields[0]; } }
    public INotificationContentText TextColumn2Row1
{ get { return TextFields[1]; } }

    public INotificationContentText TextColumn1Row2
{ get { return TextFields[2]; } }

    public INotificationContentText TextColumn2Row2
{ get { return TextFields[3]; } }
```

```csharp
        public INotificationContentText TextColumn1Row3
{ get { return TextFields[4]; } }

        public INotificationContentText TextColumn2Row3
{ get { return TextFields[5]; } }

        public INotificationContentText TextColumn1Row4
{ get { return TextFields[6]; } }

        public INotificationContentText TextColumn2Row4
{ get { return TextFields[7]; } }

        public INotificationContentText TextColumn1Row5
{ get { return TextFields[8]; } }

        public INotificationContentText TextColumn2Row5
{ get { return TextFields[9]; } }
        }

    internal class TileWideText07 : TileWideBase,
ITileWideText07
        {
            public TileWideText07()
                : base(templateName: "TileWideText07",
imageCount: 0, textCount: 9)
            {
            }

        public INotificationContentText TextHeading { get {
return TextFields[0]; } }
```

```csharp
        public INotificationContentText
TextShortColumn1Row1 { get { return TextFields[1]; } }
        public INotificationContentText TextColumn2Row1
{ get { return TextFields[2]; } }

        public INotificationContentText
TextShortColumn1Row2 { get { return TextFields[3]; } }

        public INotificationContentText TextColumn2Row2
{ get { return TextFields[4]; } }

        public INotificationContentText
TextShortColumn1Row3 { get { return TextFields[5]; } }

        public INotificationContentText TextColumn2Row3
{ get { return TextFields[6]; } }

        public INotificationContentText
TextShortColumn1Row4 { get { return TextFields[7]; } }

        public INotificationContentText TextColumn2Row4
{ get { return TextFields[8]; } }
        }

    internal class TileWideText08 : TileWideBase,
ITileWideText08
        {
        public TileWideText08()
            : base(templateName: "TileWideText08",
imageCount: 0, textCount: 10)
            {
            }
```

```csharp
        public INotificationContentText
TextShortColumn1Row1 { get { return TextFields[0]; } }

        public INotificationContentText TextColumn2Row1
{ get { return TextFields[1]; } }

        public INotificationContentText
TextShortColumn1Row2 { get { return TextFields[2]; } }
        public INotificationContentText TextColumn2Row2
{ get { return TextFields[3]; } }

        public INotificationContentText
TextShortColumn1Row3 { get { return TextFields[4]; } }

        public INotificationContentText TextColumn2Row3
{ get { return TextFields[5]; } }

        public INotificationContentText
TextShortColumn1Row4 { get { return TextFields[6]; } }

        public INotificationContentText TextColumn2Row4
{ get { return TextFields[7]; } }

        public INotificationContentText
TextShortColumn1Row5 { get { return TextFields[8]; } }

        public INotificationContentText TextColumn2Row5
{ get { return TextFields[9]; } }
        }

    internal class TileWideText09 : TileWideBase,
ITileWide
```

Trabajando con la Cámara

Las cámaras han pasado ha ser un dispositivo muy usado hoy en día y se han convertido en un elemento cotidiano en nuestras en vidas, debido a que cada vez existen más dispositivos que incorporan una cámara digital, tales como Tablets, portátiles, teléfonos móviles y smartphones, y la calidad de estás va aumentando cada poco tiempo.

A continuación veremos como crear una aplicación que maneje la imagen y el vídeo de una cámara digital en Windows 8.

Abrimos un proyecto **Windows Metro Blank Application** en Visual Studio 2012

Abrimos el archivo **Package.appxmanifest** y vamos hasta las opciones **Capabilities**

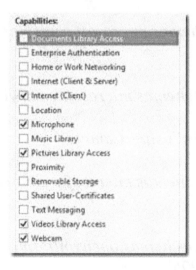

Marcamos las opciones **Internet(Client)**, **Microphone**, **Pictures Library Access**, **Videos Library Access** y **Webcam.**

Vamos a utilizar las Librerías de Vídeo y de Imagen para poder almacenar los archivos que genere la aplicación.

En el siguiente ejemplo vamos a cambiar el Content de la Page para Canvas en vez de Grid, y también añadiremos 3 botones, uno para mostrar el stream de la cámara, otro botón para sacar una foto y un último botón que servirá para iniciar y para una grabación. Para ello abrimos el archivo **MainPage.xaml** colocamos el siguiente código:

```
<Page
  x:Class="Camera.MainPage"
  IsTabStop="false"

xmlns="http://schemas.microsoft.com/winfx/2006/xaml/presentation"

xmlns:x="http://schemas.microsoft.com/winfx/2006/xaml"
    xmlns:local="using:Camera"

xmlns:d="http://schemas.microsoft.com/expression/blend/2008"

xmlns:mc="http://schemas.openxmlformats.org/markup-compatibility/2006"
    mc:Ignorable="d">
```

```
<Canvas Background="{StaticResource
ApplicationPageBackgroundThemeBrush}">
        <CaptureElement Name="captureElement"
Width="400" Height="400" Canvas.Left="33"
Canvas.Top="253"></CaptureElement>
        <Image Name="picture" Width="400"
Height="400" Canvas.Left="488"
Canvas.Top="253"></Image>
        <MediaElement Name="capturedVideo"
Width="400" Height="400" Canvas.Left="932"
Canvas.Top="253"></MediaElement>
        <Button Content="Show Camera"
HorizontalAlignment="Left"
VerticalAlignment="Top" Width="139"
Name="showCamera" Click="showCamera_Click"
Canvas.Left="450" Canvas.Top="169"/>
        <Button Content="Take Picture"
HorizontalAlignment="Left"
VerticalAlignment="Top" Width="139"
x:Name="takePicture" Click="takePicture_Click"
Canvas.Left="616" Canvas.Top="169"/>
        <Button Content="Record"
HorizontalAlignment="Left"
VerticalAlignment="Top" Width="139"
x:Name="recordStop" Canvas.Left="776"
Canvas.Top="169" Click="recordStop_Click"/>
    </Canvas>
  </Page>
```

Para ello utilizaremos varios elementos visuales que se
utilizan para poder mostrar las acciones realizadas con la
cámara, como son el stream de vídeo grabado por la

cámara, que es **CaptureElement**. Tenemos el elemento **Image** que se usa para poder mostrar una foto realizada con la cámara. Y también usaremos el elemento **MediaElement** para poder iniciar el vídeo generado por la aplicación.

Ahora veamos el código que necesitaremos para crear la aplicación. Para ello usaremos el lenguaje de programación C#.

Añada los using siguientes:

using Windows.Media.Capture;
using Windows.Media.MediaProperties;
using Windows.Storage;

Los principales objetos de WinRT que vamos a usar son:

- **MediaCapture**: objeto que será el responsable de capturar y manipular los datos de la cámara.
- **StorageFile**: será el encargado del acceso a los archivos físicos en el equipo del usuario.

Empezaremos inicializando el **MediaCapture**, para ello añadiremos a la clase **MainPage** en el archivo **MainPage.xaml.cs**

private MediaCapture _mediaCapture;

public MainPage()
{

```
        this.InitializeComponent();
        _mediaCapture = new MediaCapture();
    }

protected override void
OnNavigatedTo(NavigationEventArgs e)
    {
        Initialize();
    }

    private async void Initialize()
    {
       await _mediaCapture.InitializeAsync();
    }
```

En el código anterior hemos creado una instancia de **MediaCapture** junto con un contructor y hemos llamado al método asíncrono para inicializar el **MediaCapture**. Esta llamada es muy importante ya que sin ella no podemos capturar los datos de la cámara.

Ahora realizaremos una llamada para mostrar el stream de la cámara en el **CaptureElement**:

```
    private async void StartCapture()
    {
        captureElement.Source = _mediaCapture;
        await _mediaCapture.StartPreviewAsync();
    }
```

La propiedad **Source** de **CaptureElement** recibe a **MediaCapture** y realiza la interacción para buscar los datos del stream de la cámara. Para ello necesitamos iniciar el **Preview** en el **MediaCapture**.

Ahora veremos el código fuente para sacar una foto:

```
private async void TakePicture()
    {
        StorageFile file = await
KnownFolders.PicturesLibrary.CreateFileAsync("RDC
ameraPicture.png",
Windows.Storage.CreationCollisionOption.GenerateUn
iqueName);
        ImageEncodingProperties imageProperties =
ImageEncodingProperties.CreatePng();
        await
_mediaCapture.CapturePhotoToStorageFileAsync(ima
geProperties, file);
        var photoStream = await
file.OpenAsync(Windows.Storage.FileAccessMode.Rea
d);
        var bmpimg = new BitmapImage();
        bmpimg.SetSource(photoStream);
        picture.Source = bmpimg;
    }
```

En este código hemos creado con **StorageFile** un archivo .png en la librería de Imágenes del usuario. El complemento **Windows.Storage.CreationCollisionOption.Generate UniqueName** es un facilitador para que en caso de que el archivo ya exista, el archivo añadirá un número delante del nombre del archivo, manteniendo el archivo existente.

Después creamos el Encoding del PNG y pedimos al
MediaCapture que pegue el stream actual y lo guarde en
el formato PNG.

En el final del código leemos el archivo y añadimos
los datos al **BitmapImage** para ser mostrado en el
componente **Image**.

Ahora vamos a ver como realizar una captura de vídeo:

```
private async void StartRecord()
    {
        recordStop.Content = "Stop";
        _videoFile = await
Windows.Storage.KnownFolders.VideosLibrary.Create
FileAsync("RDCameraVideo.mp4",
Windows.Storage.CreationCollisionOption.GenerateUn
iqueName);
    MediaEncodingProfile recordProfile = null;
    recordProfile =
MediaEncodingProfile.CreateMp4(Windows.Media.Me
diaProperties.VideoEncodingQuality.Auto);
        await
_mediaCapture.StartRecordToStorageFileAsync(record
Profile, _videoFile);
        _isRecording = true;
    }

private async void StopRecord()
    {
        recordStop.Content = "Record";
        await _mediaCapture.StopRecordAsync();
```

```
        var stream = await
_videoFile.OpenAsync(Windows.Storage.FileAccessMo
de.Read);
        capturedVideo.AutoPlay = true;
        capturedVideo.SetSource(stream,
_videoFile.FileType);
        capturedVideo.Play();
        _isRecording = false;
    }
```

Es un proceso muy parecido al de sacar una imagen, para ello pedimos al MediaCapture que inicie la grabación en un archivo y que después pare y finalice el archivo.

Guardar y Recuperar archivos en aplicaciones Metro

Para guardar y recuperar archivos usaremos las clases del Espacio de nombre **Windows.Storage**.

Guardar un archivo:

```
public async void SaveAsync(string name, byte[] file)
    {
        StorageFolder folder =
ApplicationData.Current.LocalFolder;
        StorageFile storageFile = await
folder.CreateFileAsync(name,
CreationCollisionOption.ReplaceExisting);
        using (IRandomAccessStream writeStream =
await
storageFile.OpenAsync(FileAccessMode.ReadWrite))
        {
```

```
            using (DataWriter dataWriter = new
DataWriter(writeStream))
        {
                dataWriter.WriteBytes(file);
                await dataWriter.StoreAsync();
                await dataWriter.FlushAsync();
        }
    }
}
```

La clase **StorageFolder** es la clase que puede ser comparada con la **System.IO.Directory**. Esta clase proporciona métodos de manipulación de carpetas en el sistema.

En el ejemplo anterior hemos usado la carpeta **AppData** de la aplicación. Normalmente tiene la siguiente ruta:
%DRIVE%/Users/%NOMEDOUSUARIO%/AppDat a/Local/Packages/%NUESTRAAPLICACION/

Cuando seleccionamos **StoreFolder**, estamos ejecutando el método **CreateFileAsync** que va a crear el archivo y también estamos usando la opción **ReplaceExisting**, con el que sustituiremos el archivo en caso de que exista.

Después creamos un Stream a partir de un archivo nuevo, usando la función **OpenAsync** y creamos un **DataWriter** para escribir datos en ese stream.

Después de crear **DataWriter**, escribimos los bytes (**WriteBytes**), guardarmos el stream (**StoreAsync**) y realizamos la grabación en el archivo físico (**FlushAsync**).

Recuperar un archivo:

```
public async void LoadAsync(string name)
    {
        StorageFolder folder =
ApplicationData.Current.LocalFolder;
        StorageFile file = await
folder.GetFileAsync(name);
        var buffer = await
FileIO.ReadBufferAsync(file);
        DataReader dataReader =
DataReader.FromBuffer(buffer);
        byte[] streamBytes = new
byte[buffer.Length];
        dataReader.ReadBytes(streamBytes);
    }
```

Aquí usamos el **StorageFolder** para abrir el archivo. Almacenamos los datos en un buffer y finalmente usamos el **DataReader** para leer el stream en un array de bytes.

Desarrollo de Aplicaciones Estilo Metro con HTML, CSS y JavaScript

Contenido de una aplicación básica

Vamos a ver cual es el contenido básico de una aplicación desarrollado con HTML5, CSS y JavaScript usando Microsoft Visual Studio Express 2012 en Windows 8. Cuando creamos un proyecto vacío, MS Studio Express 2012 crea por defecto los siguientes archivos:

- **default.html**

Esta es la página de inicio de nuestra aplicación. Este archivo contiene referencias a default.js, archivos y hojas de estilo, tanto las de la propia aplicación, en su archivo default.css como a las hojas de estilo para JavaScript de la biblioteca de Windows. Esta parte será desarrollada en HTML.

- **/js/default.js**

En este archivo definimos las funciones que nuestra aplicación realizará cuando se inicie. Es el encargado de controlar el ciclo de vida de la aplicación. Esta parte será desarrollada en JavaScript.

- **/css/default.css**

Son las hojas de estilo de la aplicación. Es un archivo muy importante a la hora de diseñar la aplicación, aquí podrás modificar los estilos de la biblioteca de Windows para JavaScript o crear tus propios estilos para la aplicación. Esta parte será desarrollada en CSS.

- **/Referencias/SDK de biblioteca de Windows para JavaScript**

Son un conjunto de controles, utilidades y de estilo que se usan para poder crear aplicaciones y vienen incorporados en la biblioteca de Windows para JavaScript.

- **package.appmanifest**

Este archivo es el manifiesto de la aplicación, el cual realiza una descripción de las funcionalidades, contenido, página de inicio, etc… de la aplicación.

- **/Imágenes**

En esta carpeta es donde están las imágenes de nuestra aplicación por defecto. Por defecto siempre nos incluye la imagen **splashscreen.png** para la pantalla de bienvenida y para la Windows Store tiene la imagen **storelogo.png**.

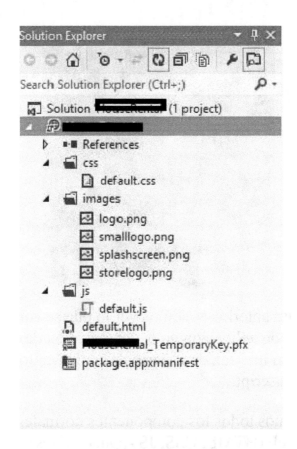

Empezando con el HelloWorld

Ahora vamos a bajar el nivel un poco más y hablar sobre el proceso de implementación y ejecución de una aplicación de interfaz de estilo de Metro.

En la figura anterior podemos ver lo que se considera un "paquete" de aplicación en la construcción de una aplicación con interfaz de usuario de estilo Metro con HTML y Javascript.

Aquí tenemos todos los componentes normales de una aplicación web (HTML, CSS, JS -jQuery-), los componentes de recursos que se entregan con el archivo del paquete y un Manifiesto, en el que el dibujo real de la aplicación, sus archivos y nombres etc.

Cada aplicación Metro UI, se ejecuta dentro de un "contenedor" de Windows, que lleva a cabo la representación y mantiene el estado de la aplicación.

Para identificar mejor este contenedor, creamos un **Hello World** con el Visual Studio 2011 Developer Preview que se puede descargar de forma gratuita en:

http://www.microsoft.com/visualstudio/eng/office-dev-tools-for-visual-studio

Abre el Visual Studio para crear el archivo de base ->
Nuevo -> **Proyecto**:

En la pestaña izquierda, tiene las plantillas de proyecto
de Visual C # y otros lenguajes, para ver las plantillas de
HTML y Javascript Metro expanda el elemento y
seleccione Otros Lenguajes Javascript.

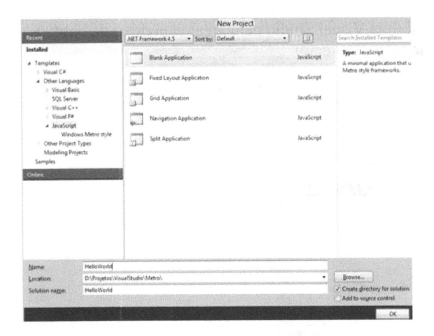

Ponemos en Nombre y en Solution Name: Hello World y haga clic en Aceptar.

Nuestro ejemplo es muy sencillo, sólo tiene que añadir una etiqueta **H1** en el archivo default.html con el título que sea.

```
<DOCTYPE html>
  <html>
<head>
    charset = "utf-8" /> <meta
    <title> Prueba de HelloWorld </ title>
    href="/winjs/css/ui-dark.css" <link />
rel="stylesheet"
    <script src="/winjs/js/base.js"> </ script>
    <script src="/winjs/js/wwaapp.js"> </ script>
    href="/css/default.css" <link /> rel="stylesheet"
    <script src="/js/default.js"> </ script>
```

```
</ head>
<body>
   <h1> Hello World </ h1>
</ body>
</ html>
```

Observe que el archivo default.html viene con algunas referencias a los archivos que han sido insertados automáticamente en su solución.

Ahora vamos a pinchar la famosa **F5** para generar y ejecutar nuestra aplicación:

Ahora presiona Ctrl + Shift + Esc para mostrar el administrador de procesos, ya puede ver que su aplicación Hello World ya está apareciendo allí.

Pero si tratamos de ubicar el proceso de solicitud de información de la ficha no lo encontrará. Esto es precisamente por qué las aplicaciones de Metro funcionan dentro de un "contenedor" y llamó a WWAHost para descubrir que se está ejecutando nuestra aplicación (**WWAHost.exe**).

La solicitud de implementación en otros equipos

Para llevar a cabo el despliegue, tenemos que crear un paquete de aplicaciones, Visual Studio nos ayuda en esta tarea. Simplemente haga clic derecho en el proyecto y luego en **Store** -> **Paquete App Create**.

Seleccione la segunda opción, para desplegar sólo a nivel local.

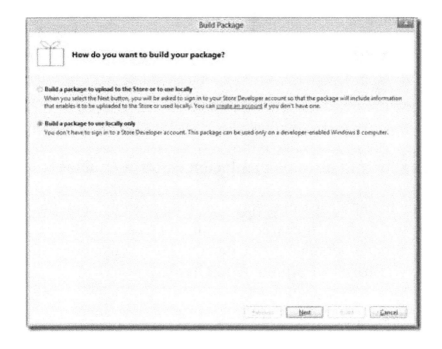

Seleccione la carpeta en la que desea publicar el contenido y luego simplemente pulse siguiente y a construir la aplicación.

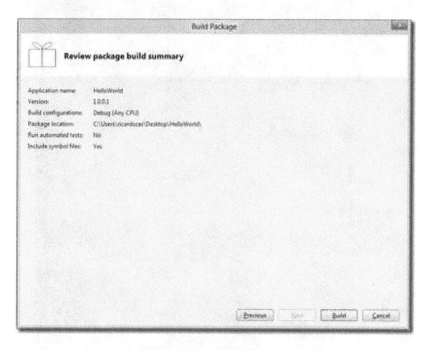

Ahora, para instalar la copia de la solicitud de la carpeta que se ha generado para el nuevo equipo, vaya a la subcarpeta y allí encontrará el archivo **Add-AppxDevPackage.exe**, ejecútelo como administrador

Y ya está hecho, como ha podido comprobar resulta bastante sencillo.

Puse nuestro HelloWorld junto al escritorio.

Introducción con WinJS

Al desarrollar aplicaciones estilo metro para Windows 8 con JavaScript es posible que necesite aprender un poco sobre WinJS y las acciones básicas que ya están disponibles en Windows 8 sobre la integración de jQuery para Windows 8 con aplicaciones JavaScript, pero esto no es necesario, WinJS ofrece mucho de los:

Selectores:

- **document.querySelector (". HeaderTemplate")**
- **document.querySelectorAll ("div")**

Texto

- **document.querySelector ("Título #")**
  textContent.;

Animación

- **WinJS.UI.Animation.fadeIn**
  (document.querySelector ("div"));

Estilos de la aplicación

Cuando se abre una nueva aplicación JavaScript metro en Visual Studio 11 se puede elegir entre las siguientes opciones:

- **Aplicación en blanco** - Un proyecto de una sola página para aplicación de Windows estilo de metro que no tiene controles predefinidos ni diseño.

- **Dividir la aplicación** - Un proyecto de dos páginas para la aplicación de Windows estilo metro que navega entre los elementos agrupados. La primera página permite la selección de grupos, mientras que la segunda pantalla una lista de elementos al lado de los detalles del elemento seleccionado.

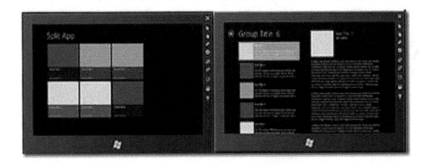

- **Aplicación de Diseño fijo** – Un proyecto de aplicación de Windows estilo metro que escala un diseño de la relación de aspecto fijo.

- **Aplicación de Navegación**- Un proyecto para una aplicación de estilo de metro con ventanas que tiene controles predefinidos para la navegación.

- **Aplicación de Rejilla** - Un proyecto de varias páginas para aplicaciones de Windows estilo metro que navega entre los grupos de artículos. Páginas dedicadas mostrar detalles del grupo y el tema.

Para esta aplicación crearemos una aplicación de Rejilla Nueva.

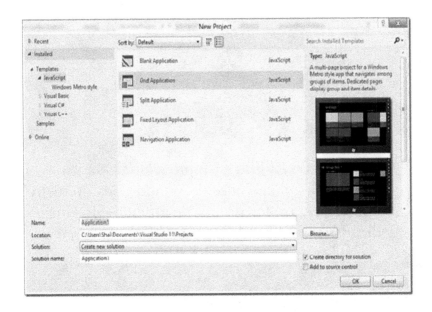

La Estructura del Proyecto

Ahora están todos los archivos necesarios en las referencias en dos archivos principales:

- base.js
- ui.js

Además de que al crear aplicaciones Grid tendrá tres páginas:

- groupDetailsPage
- groupedItemsPage
- itemDetailsPage

Tenga en cuenta que cada página HTML tienen su propio archivo CSS y JavaScript, no existe una convención de nomenclatura que automáticamente las combine, por ello debe de tener un poco de orden en esta y en las demás aplicaciones que desarrolle.

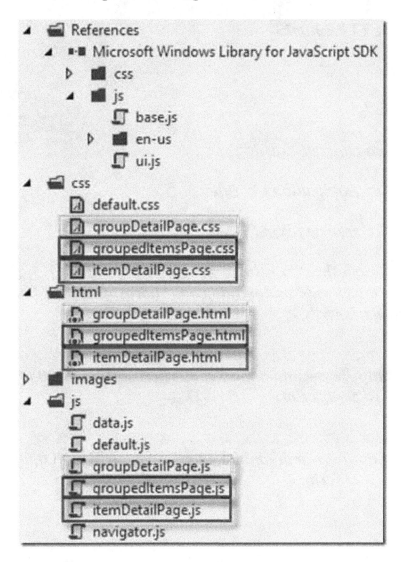

El Flujo de la Aplicación

Todo comienza a partir de **default.html**, esta página carga todos los archivos js necesarios y los archivos CSS y el uso de la **PageControlNavigator** para navegar por la aplicación de **groupedItemsPage**.

<! DOCTYPE html>

<html>

<head>

   <meta charset="utf-8">

   <title> Application1 </ title>

   <- Referencias WinJS ->

   rel="stylesheet"> <link href="http://www.midominio.com/Microsoft.WinJS.0.6/ css/ui-dark.css"

   <script src="http://www.midominio.com/Microsoft.WinJS.0.6/j s/base.js"> </ script>

   <script src="http://www.midominio.com/Microsoft.WinJS.0.6/j s/ui.js"> </ script>

   <- Referencias Application1 ->

   rel="stylesheet"> <link href="http://www.midominio.com/css/default.css"

```html
<script src="http://www.midominio.com/js/data.js">
</ script>

<script
src="http://www.midominio.com/js/navigator.js"> </
script>

<script
src="http://www.midominio.com/js/default.js"> </
script>

</ Head>

<body>

    <Div id = "contenthost"

        datos-win-control =
"Application1.PageControlNavigator"

        datos-ganar-options = "{home: '/ html /
groupedItemsPage.html'}"> </ div>

</ Body>

</ Html>
```

El **groupedItemsPage** carga los archivos JS/CSS.

```html
<title> groupedItemsPage </ title>

    <- Referencias WinJS ->
```

```
    rel="stylesheet"> <link
href="http://www.midominio.com/Microsoft.WinJS.0.6/
css/ui-dark.css"

    <script
src="http://www.midominio.com/Microsoft.WinJS.0.6/j
s/base.js"> </ script>

    <script
src="http://www.midominio.com/Microsoft.WinJS.0.6/j
s/ui.js"> </ script>



    rel="stylesheet"> <link
href="http://www.midominio.com/css/default.css"

    rel="stylesheet"> <link
href="http://www.midominio.com/css/groupedItemsPag
e.css"

    <script
src="http://www.midominio.com/js/data.js"> </ script>

    <script
src="http://www.midominio.com/js/groupedItemsPage.j
s"> </ script>
```

Este flujo se aplican a cada página que se carga.

Definición de la Página

Ahora registre a **Navigation** el evento **navigated** en **groupedItemsPage.js** y escriba esta condición en cada página:

if (e.location === "/html/groupedItemsPage.html ')

Por cada página que se carga es necesario definir lo que debería haber ocurrido cuando se desplaza por él, utilizando el método **WinJS.UI.Pages.define** puede registrarse cada evento de página.

use strict:

El Modo estricto es una nueva función en ECMAScript 5 que le permite ubicar un programa o una función, en un contexto de funcionamiento "estricto". Este contexto estricto impide que ciertas acciones sean tomadas y lanza más excepciones.

El modo estricto nos ayuda en lo siguiente:

- Coge algunos codigos falsas comunes de codificación, lanzando excepciones.
- Se previene, se lanzan excepciones, cuando se toman acciones relativamente inseguras (tales como el acceso a un objeto global).
- Se desactivan algunas funciones que son confusas o están mal pensadas.

(Function () {

  "Use strict";

```
    var = appView
Windows.UI.ViewManagement.ApplicationView;

    var = appViewState
Windows.UI.ViewManagement.ApplicationViewState;

    var nav = WinJS.Navigation;

    var ui = WinJS.UI;

    var = utils WinJS.Utilities;



    ui.Pages.define ("/html/groupedItemsPage.html",
{

        itemInvoked: function (eventObject) {

            // clic del usuario

        },

        ready: function (element, options) {

            // Página Cargada

        },

        UpdateLayout: function (elemento, ViewState) {

            // Diseño Cambiado

        }
```

```
});

}) ();
```

Otra sintaxis para realizar la definición de página y el uso de métodos globales (ahora cada método o variable se define en **Ready** o en cualquier otro método que sólo sea una parte de esa función y no sea visible para otros) dentro de ese modo estricto es así:

```
(Function () {

    "Use strict";

    var = appView
Windows.UI.ViewManagement.ApplicationView;

    var = appViewState
Windows.UI.ViewManagement.ApplicationViewState;

    var nav = WinJS.Navigation;

    var ui = WinJS.UI;

    var = utils WinJS.Utilities;


    function ready (element, options) {

    }


    itemInvoked función (eventObject) {
```

```
    }


    UpdateLayout función (element, ViewState) {

    }



    ui.Pages.define ("/ html /
groupedItemsPage.html", {

        itemInvoked: itemInvoked,

        ready: ready,

        UpdateLayout: UpdateLayout

    });

}) ();
```

Los Espacios de nombres y las clases

Ahora podemos definir los espacios de nombre y las
clases de una manera muy sencilla, usando
WinJS.Namespace y **WinJS.Class,** como vemos a
continuación.

```
WinJS.Namespace.define ("data", {

    web: WinJS.Class.define ({

        load: loadRoamingData,
```

```
    save: saveRoamingData

}),

local: WinJS.Class.define ({

    load: loadLocalData,

    save: saveLocalData

}),

items: groupedItem

});
```

Ahora, desde cualquier parte de mi código puedo llamarlos de la siguiente manera::

- data.web.load () y/o
- getting items -> data.items

La API WinJS.UI.ListView

Con WinJS incorpora el control **ListView**, que es capaz de mostrar elementos de datos en una lista personalizada o en una rejilla (grid).

Para definir **ListView** en su página HTML deberá de definir el valor **WinJS.UI.ListView** en el atributo **data-win-control** dentro de un elemento div.

<Div class = "groupeditemslist" aria-label = "Lista de grupos"

data-win-control = "WinJS.UI.ListView"

data-win-options = "{SelectionMode: 'none'}"> </ div>

Para rellenar los datos lo podemos hacer definiendo un evento con **ready** para coger el wincontrol groupeditemslist y usar el espacio de nombres que hemos creado anteriormente como el origen de datos de la lista.

ready: function (element, options) {

var = element.querySelector ListView ("groupeditemslist.") Wincontrol.;

ui.setOptions (ListView, {

itemDataSource: data.items.dataSource

});

},

La Encuadernación y las plantillas

Una vez definida la fuente de datos **listview**, tenemos que definir la visualización de cada elemento.

Los data.items contienen una lista de objetos elemento que tienen título, subtítulo y una imagen de fondo.

En nuestra página **groupedItemsPage**.**html** definimos otro control WinJS, el control **WinJS.Binding.Template**, dentro de este control tenemos que agregar un atributo adicional para cada elemento hijo llamado **data-win-bind** que definen la ruta del vínculo. Ahora vamos a utilizar estas plantillas para mostrar cada elemento del **listview**.

```
<Div class = "itemtemplate" data-win-control =
"WinJS.Binding.Template">

    <Img class = "item-image" src = "#" data-win-
bind = "src: BackgroundImage;

alt: title " />

    <div class="item-overlay">

        <h4 class="item-title" data-win-
bind="textContent: title"> </ h4>

        <H6 class = "item-subtitle win-type-ellipsis"

                data-win-bind = "textContent:
subtitle"> </ h6>

    </ Div>

</ Div>
```

Ahora tenemos que configurar la plantilla como un itemTemplate para nuestro listview:

```
ready: function (element, options) {

var = element.querySelector ListView
("groupeditemslist.") Wincontrol.;

ui.setOptions (ListView, {
```

itemDataSource: data.groups.dataSource,

ItemTemplate: element.querySelector ("itemtemplate.")

});

},

Agregar configuración

Windows 8 trae un panel de configuración integrado que le permite añadir sus propios ajustes

Con ello usted podrá añadir funciones para que el usuario pueda cambiar la configuración de la aplicación. Para ello solamente tenemos que definir los ajuste como Page, por ejemplo:

- Help Page
- About
- Dummy 1
- etc ...

Para poder continuar, necesitamos crear una aplicación JavaScript nueva, pra ellos veremos con más detalle el archivo default.js y registraremos eventos **onsettings**::

app.onactivated = function (eventObject) {

if (eventObject.detail.kind ===
Windows.ApplicationModel.

Activation.ActivationKind.launch) {

WinJS.UI.processAll ();

app.onsettings = LoadSettings;

}

};

He creado una nueva carpeta en mi proyecto llamada "Settings", en el interior he creado dos páginas, Help y About.

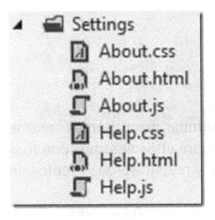

Ahora, tendrá que registrar esas páginas para el evento de aplicación **onsettings**, y asegúrese de usar el control **Flyout** para rellenar el apartado settings.

```
function LoadSettings (e) {

    e.detail.applicationcommands =

    {

        "Help":

            {

                tittle: "Help",

                href: "/ Settings / help.html"

            },

        "About":

            {
```

```
        tittle: "About",

        href: "/ Settings / about.html"

    }

};

    WinJS.UI.SettingsFlyout.populateSettings (e);

}
```

A continuación necesitaremos visualizar nuestro panel de configuración. Para ello podremos hacerlo de dos maneras:

- Llamar al Panel de Configuración utilizando **Windows.UI.ApplicationSettings.SettingsPane.show SettingsPane ();**
- Acceder a la página específica mediante SettingsFlyout (con id y ruta): **WinJS.UI.SettingsFlyout.showSettings ("Help", "/ Settings / help.html");**

A continuación, veamos el código:

```
    document.querySelector ("# btnShowSettings").
addEventListener

    ("Click", function (e) {


Windows.UI.ApplicationSettings.SettingsPane.show ();

    });
```

```
document.querySelector ("# btnHelp").
addEventListener ("click", function () {

    WinJS.UI.SettingsFlyout.showSettings ("Help", "/
Settings / help.html");

});



document.querySelector ("# btnAbout").
addEventListener ("click", function () {

    WinJS.UI.SettingsFlyout.showSettings ("About",
"/ Settings / about.html");

});
```

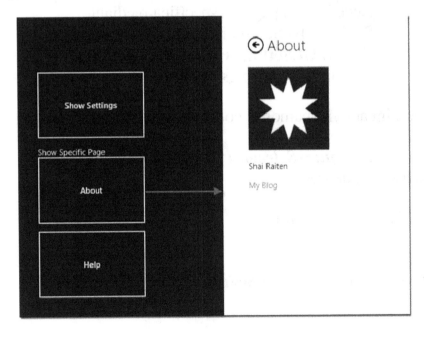

Mensaje de diálogo

Con la API WinRT puede utilizar el **MessageDialog,**
enviando un mensaje emergente al usuario:

*var msg = new Windows.UI.Popups.MessageDialog
("Message Content", "Your Message Title");
msg.showAsync ();*

Cuando enviamos un mensaje a un usuario, siempre
esperamos algún tipo de respuesta por parte del usuario,
para ello vamos a crear dos botones para controlar las
respuestas del usuario, para ello añadiremos un
UICommand dentro del objeto MessageDialog.

*var msg = new Windows.UI.Popups.MessageDialog
("Message Content", "Your Message Title");*

/ / aquí añadimos los botones de retorno

*msg.commands.append (new
Windows.UI.Popups.UICommand ("OK",*

```
function (command) {

    writeMsg ("Has hecho clic en Ok");

}));
```

```
msg.commands.append (new
Windows.UI.Popups.UICommand ("Cancelar",

    function (command) {

        writeMsg ("Has hecho clic en Cancelar");

}));
```

```
msg.showAsync ();
```

También tendremos que configurar algunas opciones para el cuadro de mensaje, para ello crearemos una función que se encargará de la acción del usuario en lugar de escribir la función dentro del botón, como hicimos en el ejemplo anterior.

```
ShowMsg function () {

    var msg = new
Windows.UI.Popups.MessageDialog ("Message
Content",

        "Your Message Title");

    // aquí añadimos los botones de retorno
```

```
msg.commands.append (new
Windows.UI.Popups.UICommand ("OK",
ActionHandler, 0));

msg.commands.append (new
Windows.UI.Popups.UICommand ("Cancelar",
ActionHandler, 1));

msg.commands.append (new
Windows.UI.Popups.UICommand ("Ignorar",
ActionHandler, 2));

// Establecemos el comando que se invoca cuando
el usuario presiona la tecla ESC

msg.cancelCommandIndex = 1

// Establecemos el comando que se invocará por
defecto

msg.defaultCommandIndex = 1; msg.showAsync
();

} Function ActionHandler (command) {

writeMsg (command.label);

// Crear acción para cada botón.

switch (command.id) {

    case 0:

        break;
```

```
        case 1:

            break;

        case 2:

            break;

    }

}
```

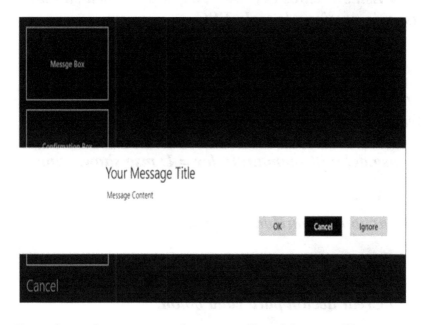

Cuando ya hemos creado una aplicación sencilla, tenemos que pensar en otros detalles, como cual será su imagen en la pantalla de inicio, o si va a ser una imagen o alguna animación, etc.

Definir página de inicio

Al iniciar la aplicación, lo primero que verá el usuario es lo siguiente:

Hay dos maneras de eliminar esa imagen y poner una propia:

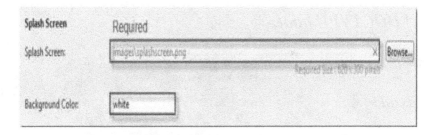

- No se puede eliminar la imagen de la pantalla de inicio, es un elemento requerido, pero puede cambiar la imagen que viene por defecto por una imagen propio, como si esa imagen está vacía.
- La otra opción es poner el color de fondo con el color blanco, así solamente se verá una imagen en blanco, no se verá el reloj.

Después de eliminar la imagen de fondo por defecto, ahora tenemos que definir nuestra página de inicio, que es Splash.html, y lo haremos de la siguiente manera:

Splash.html

<! DOCTYPE html>

<html>

<head>

   <meta charset="utf-8">

   <title> Bienvenido </ title>

   <- Referencias WinJS ->

   rel="stylesheet"> <link href="///Microsoft.WinJS.0.6/css/ui-dark.css"

   <script src="///Microsoft.WinJS.0.6/js/base.js"> </ script>

```html
<script src="//Microsoft.WinJS.0.6/js/ui.js"> </script>

    rel="stylesheet"> <link href="/css/default.css"

    rel="stylesheet"> <link href="/css/splash.css"

    <script src="/js/splash.js"> </script>

    <script src="/js/shadebob.js"> </script>

</Head>

<Body onload = "resize ()">

    <div id="screen" style="display: none">

        <canvas id="shadebob">

        </Canvas>

    </Div>

    <div id="holder">

        Esta es mi pantalla inicial personalizada

        <h1 id="timer">

        </H1>

    </Div>

</Body>
```

</ Html>

Splash.css

Lo primero que queremos es poner nuestra presentación personalizada en el centro de la pantalla, por lo que hemos definido nuestro **div holder** en la posición absoluta, también he centrado el **div timer**.

```css
# body
{
    position: absolute;
    top: 0%;
    left: 0%;
    height: 100%;
    width: 100%;
    margen: 0px;
    padding: 0px;
}
# holder
{
    position: absolute;
```

```
}

h1

{

    font-size: 180px;

    font-weight: 600;

}

# timer

{

    text-align: center;

}
```

Splash.js

Debido a que hemos cambiado la página de inicio, ahora tenemos que establecer el archivo **splash.js** para iniciar la aplicación, lo que nos permite enlazar el evento **OnActivated** desde la aplicación.

También podemos observar como el **OnActivated** se lanza para obtener el **eventObject** que tiene por objeto **SplashScreen**.

Desde el objeto splash tomamos el **ImageLocation** para obtener el x,y, que es el ancho y la altura y de la pantalla de inicio original, la razón de hacer esto, es poner nuestro canvas y el display del temporizador en el centro, exactamente donde el splash debería estar.

Después de obtener los valores, establecemos nuestro div holder en la misma posición que la pantalla de inicio original, e iniciamos el temporizador llamando **setInterval** para llamar a la función de **countDown**.

La función countDown reduce en 1 el objeto **waitFor** hasta que se llegue a 0 y luego se redireccionará la página a la página principal.

```
(Function () {

    "Use strict";

    var waitFor = 10;

    var app = WinJS.Application;

    // Esta función responde a todas las activaciones
de la aplicación.

    app.onactivated = function (eventObject) {

        if (eventObject.detail.kind ===
Windows.ApplicationModel.Activation.ActivationKind.l
aunch) {

            // Recupera el objeto pantalla de inicio

            var splash = eventObject.detail.splashScreen;

            // Recuperar la ventana de coordenadas de la
imagen de la pantalla de bienvenida.
```

```
        var coordenadas = splash.imageLocation;

        // Posicionamos la imagen de fondo de
pantalla en el mismo lugar que la imagen de la pantalla
de inicio.

        var = document.querySelector titular ("#
holder");

        holder.style.left = coordenadas.x + "px";

        holder.style.top = coordenadas.y + "px";

        holder.style.height = coordenadas.height +
"px";

        holder.style.width = coordenadas.width +
"px";

        countDown ();

        setInterval (countDown, 1000);

        // Crear un controlador de eventos se
ejecutará cuando la pantalla de inicio sea cerrada o
cambiada.

        splash.addEventListener ("dismissed",
onSplashScreenDismissed, false);

        WinJS.UI.processAll ();

    }

  };
```

```
app.start ();

countDown function () {

    waitFor waitFor = - 1;

    if (waitFor <= 0) {

        location.href = "/ html / homepage.html";

    }

    else

        document.querySelector ("timer #")
innerHTML = waitFor.;

    }

    onSplashScreenDismissed function () {

        / / De la pantalla de bienvenida a la primera
vista de la aplicación.

    }

}) ();
```

WebPlatform, ejemplo de Geolocalización

Ahora veremos un poço mejor como Windows trabaja el proceso de las aplicaciones Metro y como podemos hacer deploy entre máquinas para probar las aplicaciones com la versión Windows 8 Developer Preview.

Web Platform

Ahora vamos a intentar enternder un poco mejor como Windows procesa las aplicaciones que antes poderían ser renderizadas en la web a través de un navegador, osea, aplicaciones desarrolladas con HTML5, CSS y Javascript

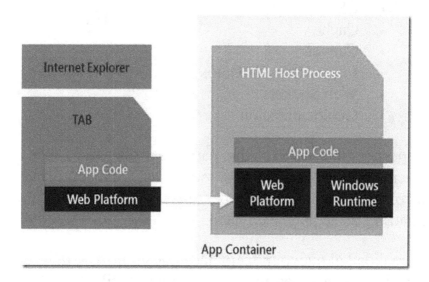

En la imagen de arriba podemos ver la comparación entre la estructura de un navegador como Internet Explorer y el AppContainer que es responsable de la renderización de las aplicaciones Metro desarrolladas en HTML.

El navegador en realidad es una aplicación que se divide en diversas pestañas y cada una de esas pestañas tiene un mecanismo de interpretación de códigos HTML, CSS y Javascript. La gran ventaja del desarrollo de aplicaciones metro con HTML es que ese mecanismo, llamado Web Platform, fue derivado y reaprovechado dentro de un proceso llamado "HTML Host Process".

De esta forma las mismas cosas disponibles en el Internet Explorer, ahora también estarán disponibles dentro de Windows, cosas como:

- HTML5
- CSS
- Cache
- Canvas
- Formularios de Datos
- Web Sockets
- Geolocalización

La primera impresión es que para desarrollar las aplicaciones para Metro, el proceso es casi igual que para desarrollar aplicaciones Web, pero nada más lejos de la realidad, ya no se parece en nada.

En realidad el nuevo modelo hace que el proceso de desarrollar aplicaciones en HTML sea más fácil, principalmente porque el modelo metro sume algunas cosas que cuando programamos para la web tenemos que tener en cuenta.

1. Solo existe un único **DOCTYPE: Html 5.**
2. No hay **Plugins**

3. El desarrollo está basado em una única ventana.

4. Utilización de **WinJS** como biblioteca de códigos JS.

Veámos con ejemplos lo que hemos visto hasta ahora, vamos a hacer una aplicación basada en una demostración de geolocalización de la web:

http://html5demos.com

Para comenzar, vamos a crear un nuevo Proyecto de **Windows Metro Style con Javascript.**

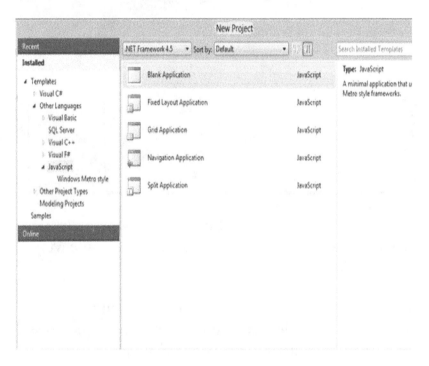

Ahora como primer paso, vamos habilitar de inmediato la geolocalización. Nuestro proyecto tiene un archivo llamado **packaged.appxmanifest**, haga doble clic sobre el archivo y vamos a **Capabilities**.

Allí están relacionados los recursos a los cuales su aplicación necesitará acceso. Para este proyecto vamos a marcar solo las opciones **Location** e **Internet (Client).**

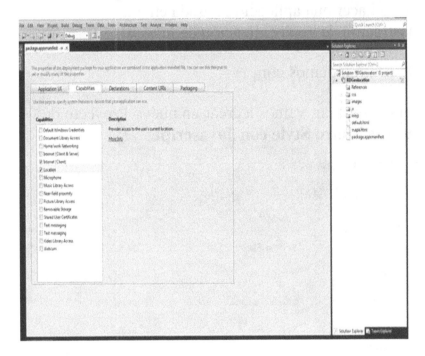

El Ejemplo que vamos a ver a continuación, tendrá acceso a algunos recursos web, tales como, Google Maps y al Google Analytics.

Si intentarmos usar este ejemplo directamente, tendríamos un error de ejecución, que nos diría que no se puede acceder a recursos externos directamente.

Eso es porque nuestra aplicación se está ejecutando en el Windows Runtime. Lo que tenemos que hacer es avisar a nuestra aplicación que ejecute parte de si misma en la Web Platform. Para eso, solamente tendremos que añadir un iframe y en su SRC añadiremos el protocolo ms-wwa-web.

Este protocolo, Microsoft WWA Web, intruye al **AppContainer** a ejecutar la página que será abierta en la Web Platform, habilitando así, la utilización de recursos web externos, como **Scripts** y **CSS**.

```html
<!DOCTYPE html>
<html>
<head>
    <meta charset="utf-8" />
    <title>Prueba de Geolocalización</title>
    <link rel="stylesheet" href="/winjs/css/ui-dark.css" />
    <script src="/winjs/js/base.js"></script>
    <script src="/winjs/js/wwaapp.js"></script>
    <link rel="stylesheet" href="/css/default.css" />
    <script src="/js/default.js"></script>
</head>
<body style="overflow: auto; margin: 0;">
    <iframe style="width: 100%; height: 100%;" id="mapIframe" src="ms-wwa-web:///mapa.html">
    </iframe>
</body>
</html>
```

Fíjese que el SRC del IFrame está así: **ms-wwa-web:///mapa.html**

Eso quiere decir que el Windows Runtime irá a busca el archivo mapa.html dentro de nuestra solución y la ejecutará y delegará su ejecución para la Web Platform.

Después de crear el archivo **mapa.html**, copie el siguiente código de la web http://hmtl5demos.com y para que se ejecute correctamente, elimine los Scripts del archivo HTML y colóquelos en el archivo **mapa.js**.

Código fuente de la web **html5demos.com**:

```
<!DOCTYPE html>
<html lang="en">
<head>
<meta charset=utf-8>
<meta name="viewport" content="width=620">
<title>HTML5 Demo: geolocation</title>
<link rel="stylesheet" href="css/html5demos.css">
<script src="js/h5utils.js"></script></head>
<body>
<section id="wrapper">
<div id="carbonads-container"><div
class="carbonad"><div id="azcarbon"></div><script
type="text/javascript">var z =
document.createElement("script"); z.type =
"text/javascript"; z.async = true; z.src =
"http://engine.carbonads.com/z/14060/azcarbon_2_1_0
_VERT"; var s =
document.getElementsByTagName("script")[0];
s.parentNode.insertBefore(z, s);</script></div></div>
  <header>
   <h1>geolocation</h1>
   </header>
<meta name="viewport" content="width=620" />

<script type="text/javascript"
src="http://maps.google.com/maps/api/js?sensor=false"
```

```
></script>
    <article>
      <p>Finding your location: <span
id="status">checking...</span></p>
    </article>
<script>
function success(position) {
  var s = document.querySelector('#status');

  if (s.className == 'success') {
    // not sure why we're hitting this twice in FF, I think
it's to do with a cached result coming back
    return;
  }

  s.innerHTML = "found you!";
  s.className = 'success';

  var mapcanvas = document.createElement('div');
  mapcanvas.id = 'mapcanvas';
  mapcanvas.style.height = '400px';
  mapcanvas.style.width = '560px';


document.querySelector('article').appendChild(mapcan
vas);

  var latlng = new
google.maps.LatLng(position.coords.latitude,
position.coords.longitude);
  var myOptions = {
    zoom: 15,
    center: latlng,
```

```
    mapTypeControl: false,
    navigationControlOptions: {style:
google.maps.NavigationControlStyle.SMALL},
    mapTypeId: google.maps.MapTypeId.ROADMAP
  };
  var map = new
google.maps.Map(document.getElementById("mapcan
vas"), myOptions);

  var marker = new google.maps.Marker({
    position: latlng,
    map: map,
    title:"You are here! (at least within a
"+position.coords.accuracy+" meter radius)"
  });
}

function error(msg) {
  var s = document.querySelector('#status');
  s.innerHTML = typeof msg == 'string' ? msg :
"failed";
  s.className = 'fail';

  // console.log(arguments);
}

if (navigator.geolocation) {
  navigator.geolocation.getCurrentPosition(success,
error);
} else {
  error('not supported');
}
```

```html
</script><a id="html5badge"
href="http://www.w3.org/html/logo/">
<img src="http://www.w3.org/html/logo/badge/html5-
badge-h-connectivity-device-graphics-multimedia-
performance-semantics-storage.png" width="325"
height="64" alt="HTML5 Powered with Connectivity /
Realtime, Device Access, Graphics, 3D & Effects,
Multimedia, Performance & Integration, Semantics,
and Offline & Storage" title="HTML5 Powered with
Connectivity / Realtime, Device Access, Graphics, 3D &
Effects, Multimedia, Performance & Integration,
Semantics, and Offline & Storage">
</a>
    <footer><a href="/">HTML5 demos</a>/<a
id="built" href="http://twitter.com/rem">@rem built
this</a>/<a href="#view-source">view
source</a></footer>
</section>
<a href="http://github.com/remy/html5demos"><img
style="position: absolute; top: 0; left: 0; border: 0;"
src="http://s3.amazonaws.com/github/ribbons/forkme_l
eft_darkblue_121621.png" alt="Fork me on GitHub"
/></a>
<script src="js/prettify.packed.js"></script>
<script>
var gaJsHost = (("https:" ==
document.location.protocol) ? "https://ssl." :
"http://www.");
document.write(unescape("%3Cscript src='" +
gaJsHost + "google-analytics.com/ga.js'
type='text/javascript'%3E%3C/script%3E"));
</script>
<script>
```

```
try {
var pageTracker = _gat._getTracker("UA-1656750-
18");
pageTracker._trackPageview();
} catch(err) {}</script>
</body>
</html>
```

Código de **mapa.js**:

```
1: (function () {
2:     'use strict';
3:
4:
document.addEventListener("DOMContentLoaded",
Inicializar, false);
5:
6:     function Inicializar() {
7:         if (navigator.geolocation) {
8:
navigator.geolocation.getCurrentPosition(success,
error);
9:         } else {
10:             error('not supported');
11:         }
12:     }
13:
14:     function success(position) {
15:         var s = document.querySelector('#status');
16:
17:         if (s.className == 'success') {
```

```
18:
19:          return;
20:      }
21:
22:      s.innerHTML = "found you!";
23:      s.className = 'success';
24:
25:      var mapcanvas =
document.createElement('div');
26:      mapcanvas.id = 'mapcanvas';
27:      mapcanvas.style.height = '400px';
28:      mapcanvas.style.width = '560px';
29:
30:
document.querySelector('article').appendChild(mapcan
vas);
31:
32:      var latlng = new
google.maps.LatLng(position.coords.latitude,
position.coords.longitude);
33:      var myOptions = {
34:          zoom: 15,
35:          center: latlng,
36:          mapTypeControl: false,
37:          navigationControlOptions: { style:
google.maps.NavigationControlStyle.SMALL },
38:          mapTypeId:
google.maps.MapTypeId.ROADMAP
39:      };
40:      var map = new
google.maps.Map(document.getElementById("mapcan
vas"), myOptions);
41:
```

```
42:        var marker = new google.maps.Marker({
43:            position: latlng,
44:            map: map,
45:            title: "Usted está Aquí! (at least within a
" + position.coords.accuracy + " meter radius)"
46:        });
47:    }
48:
49:    function error(msg) {
50:        var s = document.querySelector('#status');
51:        s.innerHTML = typeof msg == 'string' ?
msg : "failed";
52:        s.className = 'fail';
53:
54:        // console.log(arguments);
55:    }
56:
57: })();
```

Ahora ya tenemos nuestro geolocalizador básico.

Ahora ya puede empezar a desarrollar aplicaciones estilo metro con sus conocimientos en HTML, CSS y Javascript.

Programación asíncrona y almacenamiento App

Promise es una forma de programación asincrónica de JavaScript, evita la ejecución sincrónica en un único subproceso, en lenguajes como JavaScript es necesario para crear aplicaciones que son de alto rendimiento. La librería que tiene Windows de JavaScript proporciona un mecanismo coherente y previsible llamado Promise que simplifica la programación asíncrona.

Un promise implementa un método para el registro de llamadas para notificaciones de cambio de estado, llamas **then**.

En lugar de escribir una sola acción get que fuerce su código para esperar una respuesta.

var resultado = myWebService.get (http://www.contoso.com);

O igual estea pensando es crear más código como este:

myWebService.addEventListener ('complete',

function (result) {/ * varias acciones* /});

myWebService.get (http://www.mipaginaweb.com);

Deberá usar **WinJS promise** de crear acciones asincrónicas utilizando el método **then**.

myWebService.get ("http://www.mipaginaweb.com")

. then (

*function (result) {/ * varias acciones* /}*

*function (error) {/ * manejar errores* /}*

*function (progress) {/ * informe de progreso* /}*

);

Esta aplicación llevará un JavaScript Metro app que descargará imágenes de la web y las guardará en un almacenamiento local y también tendrá una galería que mostrará todas las imágenes de la aplicación almacenadas en local.

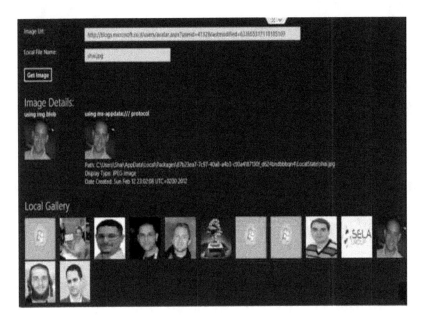

Necesitaremos descargar la imagen de forma asincrónica, a continuación, guardaremos el **stream** que consiguimos de nuestro fichero local.

Para ello, empezaremos por establecer la ubicación de la carpeta. Cada aplicación tiene tres carpetas disponibles bajo **Windows.Storage.ApplicationData.current,** que se usan para guardar los datos del usuario y son:

- Local
- Temp
- Roaming

Ahora, utilizando **WinJS.xhr** entramos en la URL de la imagen y definimos el tipo de respuesta como **Blob**, de nuevo se trata de un método asíncrono y podremos usar **then** para registrar la devolución de llamada que se invoca cuando la solicitud se haya terminado.

Una vez obtenido el resultado de **xhr**, usaremos el objeto carpeta para crear un nuevo archivo con el nombre del usuario que nos de el usuario, después que crear el archivo nuevo, abrimos el archivo para su edición y obtener el **stream**.

Código de flujo:

1. Obtener la imagen. **(WinJS.xhr = {url: imgUrl, responseType: "blob"}).then**
2. Después de recibir la imagen, creamos un archivo nuevo. **folder.createFileAsync (nombreimg, ..).then**
3. Abrimos el archivo para editarlo. **file.openAsync (Windows.Storage.FileAccessMode.readWrite). then**
4. Copiamos el contenido de la imagen. **copyAsync (blob.msDetachStream (), corriente).then**
5. Cerramos el stream. **stream.flushAsync ().then**

```
function download (imgUrl, nombreimg) {

    return WinJS.xhr ({url: imgUrl, responseType:
"blob"}). Entonces (function (resultado) {

        var blob = result.response;

        return folder.createFileAsync (nombreimg,
Windows.Storage.CreationCollisionOption.replaceExist
ing).then(function (file) {

            // Abrimos el archivo devuelto para copiar los
datos

            return file.openAsync
(Windows.Storage.FileAccessMode.readWrite).then(fun
ction (stream) {

                return
Windows.Storage.Streams.RandomAccessStream.copyA
sync (blob.msDetachStream (), stream).then(function ()
{

                    // Copiar el stream desde el blob hasta el
stream del fichero

                    return stream.flushAsync ().then(function
() {

                        Stream.Close ();

                    });

                });
```

```
    });

  });

}, Function (e) {

  var msg = new
Windows.UI.Popups.MessageDialog (e.Message);

  msg.showAsync ();

});

}
```

Buscar un archivo local

Después de que la descarga se haya completado, seguramente querremos localizar el archivo que acabamos de guardar localmente y devolver el objeto fichero, utilizando el objeto fichero que puede obtener el tipo de fichero, fecha de creación, etc.

Usando **Windows.Storage.ApplicationData.current.local.getFileAsync**, podemos buscar un archivo específico en las carpetas **temp** o **roaming**, si encuentra el fichero en la carpeta local, devuelve el archivo, y en caso de que no encuentre el fichero, nos devolverá un **null**, con la consiguiente respuesta de archivo no encontrado.

```
FileExists function (fileName) {

  return folder.getFileAsync
(fileName).then(function (file) {
```

return file;

}, Function (err) {

return null;

});

}

Añadir el Espacio de nombres imgDownloader

Para llamar a estos métodos desde **Default.js**, tenemos que añadir el espacio de nombres utilizando los siguientes métodos:

WinJS.Namespace.define ('imgDownloader', {

download: download,

FileExists: FileExists

});

Añadir la funcionalidad de la página

Ahora, cuando el usuario escribe el Uri de la imagen y hace clic en la opción "Obtener imagen" llamaremos a la función **getImage**.

app.onactivated = function (eventObject) {

if (EventObject.detail.kind === Windows.ApplicationModel.Activation.ActivationKind.l aunch) {

```
/ /Inicializamos la aplicación aquí.

WinJS.UI.processAll ();

document.querySelector ("# btnDownloadImg").
addEventListener ("click", function () {

    getImage ();

});

getImage ();

};
```

Usando **querySelector** tomaremos los valores Uri y nombre de archivo, utilizando el espacio de nombres **imgDownloader** y llamando a la función Download usando los valores suministrados por el usuario. Debido a que la función de descarga tiene un valor de retorno que puede ser usado por el método **then**.

Después de que la operación de descarga se haya completado, llamamos a la función **FileExists** para obtener el objeto de archivo local.

Después de conseguir la imagen, mostraremos dos opciones para la visualización de la imagen:

1. **ms-appdata :/ /** protocolo – ruta de la carpeta local
2. **URL.createObjectURL** - Convertir el archivo en un **blob**, puede optar por crear **blobs** permanentes para que se puedan volver a usar.

```
getImage function () {
```

```javascript
var imgUrl = document.querySelector ("# txtUrl")
value.;

var fileName = document.querySelector
("txtFileName #")value.;

imgDownloader.download (imgUrl,
fileName).then(function () {

    imgDownloader.fileExists
(fileName).then(function (file) {

. document.querySelector ("# mainImg") src =
URL.createObjectURL (archivo, false);

// Usar el ms-appdata :// protocolo.

document.querySelector ("# mainImg2") src = "ms-
appdata :/// Local /" + fileName.;

. document.querySelector ("# filePath") textContent
= "Path:" + file.path;

. document.querySelector ("# tipoArchivo")
textContent = "Tipo de pantalla:" + file.displayType;

. document.querySelector ("# DateCreated")
textContent = "Fecha de creación:" + file.dateCreated;

    drawGallery ();

    }, Function (err) {
```

```
        var msg = new
Windows.UI.Popups.MessageDialog ("Imagen no
encontrada");

        msg.showAsync ();

    });

  });

  }
```

Para finalizar, vamos a ver como podemos localizar todos los archivos de mi carpeta local y mostrar todos los archivos de tipo imagen.

Vamos a usar **Windows.Storage.ApplicationData.current.localFolder,** pero ahora vamos a llamar a **getItemsAsync** para obtener todos los archivos, luego recorremos los items u objetos de la carpeta y nos asegurarmos de manejar sólo imágenes, convertir cada archivo a un **blob** utilizando **createObjectURL** y añadimos la imagen a nuestra galería.

```
    drawGallery function () {

    Windows.Storage.ApplicationData.current.localFold
er.getItemsAsync (). Entonces (function (items) {

        var div = document.querySelector ("#
existingFiles");

        div.textContent = "";
```

```
items.forEach (function (storageItem) {

        if (storageItem.fileType === "png". ||
storageItem.fileType === ".jpg" ||

            storageItem.fileType === ".jpeg") {

            var imagen = document.createElement
("img");

            image.style.width = "100px"

            image.style.height = "100px"

            image.src = URL.createObjectURL
(storageItem);

            image.alt = image.src;

            div.appendChild (image);

        }

    }, Function (e) {

        var msg = nuevo
Windows.UI.Popups.MessageDialog (e);

        msg.showAsync ();

    });

});

}
```

Opinión del Autor

La programación en el estilo Metro, al igual que la aparición de la Windows Store, van a generar en un gran impacto en mundo del desarrollo de software de igual manera que ocurrió con la llegada del iPhone, e incluso mucho mayor, ya que Microsoft Windows sigue siendo el sistema operativo más utilizado en todo el mundo en la actualidad, con lo que posiblemente, el consumo de aplicaciones de estilo Metro en un par de años será muy superior al consumo de aplicaciones de la AppStore de Apple.

Para mayor facilidad para los desarrolladores, Microsoft ha asimilado los lenguajes de programación ya existentes, con lo que los programadores no tendrán que aprender ningún lenguaje nuevo para poder desarrollar aplicaciones para el nuevo Windows 8, sino que tendrá que amoldar sus conocimientos a la nueva estructura de programación, que con Visual Studio, se realiza de una manera muy sencilla, y tendrá que aprender las nuevas funciones y APIs que nos aporta el nuevo Runtime, que amplifica enormemente las posibilidades y el control de nuestras aplicaciones.

En este libro se ha pretendido que lector pudiera ver un breve repaso a las novedades del nuevo estilo Metro, sin la necesidad de profundizar mucho en ningún tema específico, ya que podríamos escribir libros enteros dedicado a ellos, tales como el ciclo de vida, los conceptos básico, la API WinRT, etc…y al mismo tiempo, he querido mostrar ejemplos de código, para que el programador le quite el miedo a empezar a programar para Windows 8, ya que practicando y consultando las diferentes guias de referencia de Microsoft, es como realmente se le sacará todo el provecho al estilo Metro.

Espero que haya disfrutado leyendo y practicando con este libro, que le sirva para publicar sus primeras aplicaciones en la Windows Store.

Bibliografía

Para realizar este libro, he leído, consultado y contrastado la información con las siguientes fuentes que cito a continuación:

La principal fuente de información han sido las guias de referencia de Microsof Windows, pero a mayores también he reforzado los conocimientos sobre el Estilo Metro con las siguientes fuentes:

Libros

Building Windows 8 Metro Style Apps with HTML5 & JavaScript, de Jaime Rodriguez

Programming Metro Style Applications with C#, de Matthew Baxter-Reynolds

Artículos

Getting started with Metro apps, *de* _www.codeproject.com, creado por Shai Raiten._

Windows Phone 7, de *Industrial Designers Society of America*

Metro UI Design Principles, *de Stephane Massey*

Windows 8 on the desktop, *de Peter Bright de Condé Nast Digital*

Páginas Web

http://www.wikipedia.org

http://www.microsoft.com

http://www.codeproject.com

http://html5demos.com

Acerca del Autor

Ángel Arias

Ángel Arias es un consultor informático con más de 12 años de experiencia en sector informático. Con experiencia en trabajos de consultoría, seguridad en sistemas informáticos y en implementación de software empresarial, en grandes empresas nacionales y multinacionales, Ángel se decantó por el ámbito de la formación online, y ahora combina su trabajo como consultor informático, con el papel de profesor online y autor de numerosos cursos online de informática y otras materias.

Ahora Ángel Arias, también comienza su andadura en el mundo de la literatura sobre la temática de la informática, donde, con mucho empeño, tratará de difundir sus conocimientos para que otros profesionales puedan crecer y mejorar profesional y laboralmente

www.ingramcontent.com/pod-product-compliance
Lightning Source LLC
Chambersburg PA
CBHW071154050326
40689CB00011B/2105